utb 4314

W0191382

Eine Arbeitsgemeinschaft der Verlage

Böhlau Verlag · Wien · Köln · Weimar
Verlag Barbara Budrich · Opladen · Toronto
facultas · Wien
Wilhelm Fink · Paderborn
A. Francke Verlag · Tübingen
Haupt Verlag · Bern
Verlag Julius Klinkhardt · Bad Heilbrunn
Mohr Siebeck · Tübingen
Nomos Verlagsgesellschaft · Baden-Baden
Ernst Reinhardt Verlag · München · Basel
Ferdinand Schöningh · Paderborn
Eugen Ulmer Verlag · Stuttgart
UVK Verlagsgesellschaft · Konstanz, mit UVK/Lucius · München
Vandenhoeck & Ruprecht · Göttingen · Bristol
Waxmann · Münster · New York

Kathrin Leuze / Hella von Unger

Wissenschaftliches Arbeiten im Soziologiestudium

Wilhelm Fink

Die Autorinnen:
Kathrin Leuze ist Professorin für Bildungssoziologie am Institut für Soziologie der Leibniz Universität Hannover.
Hella von Unger ist Professorin für Soziologie mit dem Schwerpunkt Qualitative Methoden der empirischen Sozialforschung an der Ludwig-Maximilians-Universität (LMU) München.

Umschlagabbildung und Illustration: © Steffen Haas

Online-Angebote oder elektronische Ausgaben sind erhältlich unter
www.utb-shop.de

Bibliografische Information der Deutschen Nationalbibliothek

Die Deutsche Nationalbibliothek verzeichnet diese Publikation in der Deutschen Nationalbibliografie; detaillierte bibliografische Daten sind im Internet über http://dnb.d-nb.de abrufbar.

© 2015 Wilhelm Fink, Paderborn
(Wilhelm Fink GmbH & Co. Verlags-KG, Jühenplatz 1,
D-33098 Paderborn)

Internet: www.fink.de

Printed in Germany.
Herstellung: Ferdinand Schöningh, Paderborn
Einbandgestaltung: Atelier Reichert, Stuttgart

UTB-Band-Nr: 4314
ISBN 978-3-8252-4314-2

Inhalt

Warum noch eine Einführung in das wissenschaftliche Arbeiten?

Die Soziologie als Studienfach fasziniert durch ihre Alltagsnähe: Sie beinhaltet Themen des gesellschaftlichen Zusammenlebens, die uns oft bereits aus der Medienberichterstattung oder auch aus persönlicher Erfahrung bekannt sind. Wodurch unterscheidet sich nun die soziologische Beschäftigung mit diesen Themen von der alltagsweltlichen? Eine Antwort auf diese Frage ist – neben spezifischen theoretischen und methodischen Zugängen – im wissenschaftlichen Arbeiten zu finden: das Formulieren und Verfolgen einer klaren Fragestellung, die gründliche Recherche der wissenschaftlichen Literatur, die Erarbeitung einer eigenen Position und schlüssigen Argumentation, das Verfassen eines wissenschaftlichen Textes unter korrekter Ausweisung von Quellen und Zitaten. All dies gehört zu den grundlegenden Techniken des wissenschaftlichen Arbeitens, auf denen die Soziologie basiert und die Sie im Soziologiestudium erlernen.

Meist werden diese Fähigkeiten und Fertigkeiten im Rahmen einer einführenden Veranstaltung zu Beginn des Soziologiestudiums vermittelt. Nach unserer Erfahrung ist es jedoch so, dass die meisten Studierenden sich die Kenntnisse und Techniken des wissenschaftlichen Arbeitens erst während des Studiums wirklich aneignen – und zwar in der praktischen Erbringung einer Seminarleistung und bei der konkreten Umsetzung z.B. im Rahmen einer Hausarbeit. Auch im Studium weiter fortgeschrittene Studierende fragen sich regelmäßig: Wie entwickele ich eine relevante soziologische Fragestellung für ein Essay oder eine Hausarbeit? Wie und wo finde ich wissenschaftliche Literatur für mein Thema? Wie zitiere ich korrekt in meiner Seminararbeit? Diese und weitere Fragen werden in diesem Lehrbuch aufgegriffen, und zwar spezifisch zugeschnitten auf Studierende der Soziologie.

Wieso dieser Fokus auf die Soziologie? Zum einen, weil es keine aktuelle Einführung in das wissenschaftliche Arbeiten in der Soziologie gibt – es liegen einige ältere Einführungen vor, die angesichts der fortschreitenden Digitalisierung des Studiums (wie z.b. der Möglichkeiten von Online-Recherchen und der Nutzung von Internetquellen) zumindest in diesem Bereich veraltet erscheinen. Andere aktuelle Einführungen in das wissenschaftliche Arbeiten richten sich etwas breiter an verschiedene Geistes- und Sozialwissenschaften, und auch das hat einiges für sich, da viele dieser Techniken in ähnlicher Weise in den unterschiedlichen Fächern zu Anwendung kommen. An passenden Stellen verweisen wir auf diese Werke im Text. Wir haben uns in diesem Studienbuch jedoch für einen engeren Fokus auf die Soziologie entschieden, da wir das Lehrbuch auch für unsere eigenen Veranstaltungen nutzen (wir lehren beide an Instituten für Soziologie). Daher wollten wir die Tipps und Beispiele so gestalten, dass sie die Fragen unserer Studierenden aufgreifen (z.B. für „Wie entwickele ich eine soziologische Fragestellung?") und für Veranstaltungen und Prüfungsleistungen in der Soziologie hilfreich sind (z.B. Hinweise auf soziologische Zeitschriften zu Recherchezwecken).

Das Lehrbuch richtet sich also an Studierende, die Soziologie im Haupt- oder Nebenfach studieren. Es bietet eine Einführung in die *grundlegenden* Techniken des wissenschaftlichen Arbeitens, d.h. das Entwickeln einer Fragestellung, das Recherchieren, Sichten und Lesen der Literatur, die Gliederung des eigenen Textes und den Umgang mit wissenschaftlichen Quellen. Weiter fortgeschrittene Techniken, wie beispielsweise qualitative oder quantitative Methoden der empirischen Sozialforschung oder auch das Verfassen einer wissenschaftlichen Abschlussarbeit im Soziologiestudium, werden hier nicht oder nur sehr kurz behandelt. Dazu liegen einschlägige Lehrbücher vor und auch hier verweisen wir an passender

Stelle auf entsprechende Literatur. Zusätzlich haben wir im letzten Kapitel Tipps für Ihre persönliche Bibliothek im Soziologiestudium zusammengestellt.

Das Buch ist so aufgebaut, dass es Sie im Lernprozess begleitet und unterstützt. Sie können das Buch von vorn nach hinten lesen oder einzelne Kapitel herausgreifen, die Sie besonders interessieren. Die einzelnen Kapitel sind so strukturiert, dass wir die Fragen aufgreifen, die Studierende immer wieder stellen. Wir bemühen uns, hilfreiche Antworten und Hinweise zu geben. Auf viele Fragen gibt es jedoch mehrere mögliche Antworten und Sie werden sehen, dass es nur wenige allgemeingültige Standards des wissenschaftlichen Arbeitens gibt. Die Soziologie zeichnet sich als Fach insgesamt durch eine große Vielfalt in theoretischer und methodischer Hinsicht aus, und das zeigt sich auch beim wissenschaftlichen Arbeiten. Daher ist es wichtig, dass Sie für Ihre Studien- und Prüfungsleistungen klären und ggf. bei Ihren Dozierenden nachfragen, was genau von Ihnen erwartet wird: Gibt es z.B. bestimmte Vorgaben für die Gestaltung des Literaturverzeichnisses? Ist das Schreiben in der ersten Person Singular (oder bei Gruppenarbeiten in der ersten Person Plural) okay oder wird ein distanzierterer Sprachstil in der dritten Person bevorzugt (d.h. in unserem Fall: ‚die Autorinnen' statt ‚wir')? Können Online-Quellen zitiert werden – und wenn ja, wie? Diese und weitere Fragen werden in verschiedenen Seminarkontexten möglicherweise sehr unterschiedlich beantwortet. Wir wollen Sie allerdings nicht ermuntern, zu „unselbstständigen Vorschriftenjunkies" (Florin 2014:7) zu werden. Zum wissenschaftlichen Arbeiten in der Soziologie gehört auch, dass Sie sich eigenständig informieren und begründet Entscheidungen treffen. Wichtig ist, dass Sie, wenn Sie sich für eine Form entschieden haben, diese konsistent anwenden, d.h. ‚durchhalten', und nicht zwischendurch unkommentiert wechseln. Grundsätzlich sind wir überzeugt, dass Fragen der Form wichtig sind, und es zum Handwerk der Soziologie gehört, diese zu erlernen – daher auch dieses Lehrbuch. Fragen der Form sollten jedoch keinen Vorrang vor Fragen des Inhalts haben.

Wodurch zeichnet sich nun diese Einführung aus? Zum einen haben wir uns bei der Entwicklung des Lehrbuches mit Studierenden ausgetauscht. Wir haben unsere Studierenden gefragt, welche Themen in einer solchen Einführung abgedeckt werden sollten. Wir haben die Tipps eingearbeitet und uns bemüht, relativ dicht bei den Anliegen, Fragen und Rückmeldungen unserer Studierenden zu bleiben. Wir raten Ihnen beispielsweise, Literatur auf verschiedenen Wegen zu suchen (siehe Kapitel 2. *Wo und wie recherchiere ich Literatur?*). Die Suche kann im Internet beginnen, aber ist unvollständig ohne die *Online-* und *Offline*-Nutzung (d.h. den Besuch) von Bibliotheken. Zum anderen haben wir uns bemüht, verständlich zu schreiben, mit möglichst vielen anschaulichen Beispielen, Zitaten, Abbildungen und auch Cartoons, um die Lektüre nicht ganz so trocken zu gestalten. Wir hoffen, dass Sie dieses Buch als hilfreich erleben und wünschen Ihnen viel Spaß in Ihrem Soziologiestudium!

Unser Dank gilt mehreren Personen, die uns beim Schreiben des Buches direkt und indirekt geholfen haben: den Studierenden der Leibniz Universität Hannover und der Ludwig-Maximilians-Universität München, die unsere Veranstaltungen besucht und uns erklärt haben, welche Fragen dieses Buch beantworten sollte; unserem Kollegen Armin Nassehi, dem wir es zu verdanken haben, dass wir überhaupt von dem Verlag angesprochen wurden und der uns zu einzelnen Kapiteln anregendes Feedback gab; der Lektorin, Nadine Albert vom Wilhelm Fink Verlag, die sehr geduldig mit uns war und dem Text den letzten Schliff gegeben hat; den Mitarbeiterinnen und Mitarbeitern sowie Kolleginnen und Kollegen, die uns unterstützt haben und die ihre Recherchen, Tipps und praktischen Lehrerfahrungen in das Buch einfließen ließen:

Yvonne Berger, Mathias Bös, Tina Denninger, Sabrina Hutner, Volker Ludwig, Felix Marcinowski, Anna Marczuk, Anastasiya Mozhova und Andreas Sarcletti; den Bibliotheken der Ludwig-Maximilians-Universität München (Antje Michel) und des Wissenschaftszentrums Berlin für Sozialforschung (Silvia Hoehne, Birgit Hühnerbein und Sebastian Nix) für ihre hilfreichen Hinweise zu Recherchen und Zitierstilen in der Soziologie; Steffen Haas für seine Cartoons; Franziska und Maria für den entscheidenden Hinweis und die entsprechende Leihgabe; Axel, Fiona und Marcel für ihre liebevolle Ermöglichung dieser Arbeit zusätzlich zu allem, was wir eh schon machen, sowie – unbekannterweise – Umberto Eco für sein brillantes Buch zum Verfassen einer wissenschaftlichen Abschlussarbeit (2010), dessen treffsichere Formulierungen mehrere Kapitel dieses Buches inspiriert haben und sich auch darin wiederfinden (hoffentlich korrekt zitiert).

Berlin, April 2015
Kathrin Leuze und Hella von Unger

1. Wie finde ich eine soziologische Fragestellung?

Zum Ende des ersten Semesters oder im zweiten Semester Ihres Soziologiestudiums werden Sie das erste Mal eine eigene schriftliche Arbeit als Studien- oder Prüfungsleistung erstellen. Dabei handelt es sich häufig um ein Essay oder eine Hausarbeit. Obwohl sich beide Formen der schriftlichen Arbeit unterscheiden (wie genau, zeigen wir Ihnen in Kapitel 4), haben sie einen gemeinsamen Startpunkt: Das Finden einer soziologischen Fragestellung, die in der Arbeit beantwortet wird. Gerade in den frühen Semestern sind Studierende oft überwältigt von der Vielzahl der Möglichkeiten, die in der Soziologie im Hinblick auf Themen und Fragestellungen bestehen. Aber auch Studierende, die kurz vor der Abschlussarbeit stehen, und sogar erfahrene Wissenschaftlerinnen und Wissenschaftler stehen immer wieder vor der Herausforderung, eine angemessene und klare Fragestellung zu finden bzw. ihre Fragestellung so zuzuspitzen, dass sie auch tatsächlich präzise genug ist, um bearbeitet werden zu können.

Zunächst stellt sich daher die Frage: Was ist eigentlich wichtig für das Finden eines Themas und das Entwickeln einer eigenen soziologischen Fragestellung?

Im Folgenden werden wir uns dieser Frage aus zwei Perspektiven nähern, einer inhaltlichen und einer praktischen. Bei der inhaltlichen wollen wir zunächst überlegen, was überhaupt das ‚Soziologische‘ an einer Fragestellung ist. Bei der praktischen geht es dann um das konkrete Vorgehen, wie eine soziologische Fragestellung entwickelt werden kann.

1.1 Was ist das ‚Soziologische' an einer wissenschaftlichen Fragestellung?

Die Soziologie ist eine relativ junge wissenschaftliche Disziplin. Sie zeichnet sich dadurch aus, dass es ganz verschiedene Perspektiven, Positionen und Paradigmen gibt. Daher gibt es auch keine einheitliche Antwort auf die Frage „Was ist Soziologie?". In ihrem Vorwort zum *Handbuch Soziologie* beschreiben Nina Baur, Hermann Korte, Martina Löw und Markus Schroer (2008:7) die Soziologie als eine Wissenschaft, die sich mit Fragen „nach dem Verhältnis von Individuum und Gesellschaft, Fragen nach dem wechselseitigen Einfluss gesellschaftlicher Strukturen und des Handelns von Menschen (…)" befasst, die aber auch darauf wiederum keine einheitlichen, allgemein gültigen Antworten findet.[1] Eine etwas technischere Perspektive sieht Soziologie als eine Wissenschaft, die „mit disziplineigenen Begriffen, Theorien und Methoden Struktur-, Funktions- und Entwicklungszusammenhänge der Gesellschaft beschreibt und erklärt" (Bruno & Reimann 1994, zitiert nach Nassehi 2011:15). Der Soziologe Heiner Meulemann hat einmal scharfzüngig angemerkt: „Die Soziologie beschreibt das, was jeder weiß, mit Worten, die keiner versteht" (Meulemann 2013:19). Er hat damit nicht ganz Unrecht (vor allem mit dem zweiten Teil der Aussage, siehe Kapitel 3), aber die Soziologie ist doch mehr.

Wollen wir eine Definition versuchen? Wörtlich übersetzt heißt Soziologie die Wissenschaft vom Sozialen – also vom Zusammenleben der Menschen. Aber was ist ‚das Zusammen-

---

[1]   Zu der Frage „Was ist Soziologie?" können wir auch Armin Nassehi (2011:15) konsultieren, der in der ersten seiner *Zehn einführenden Vorlesungen zur Soziologie* das folgende Zitat von Ralf Dahrendorf bespricht: „Soziologie ist das, was Leute, die sich Soziologen nennen, tun, wenn sie von sich sagen, dass sie Soziologie betreiben. Mehr nicht." Finden Sie heraus, ob Nassehi Dahrendorf Recht gibt! (Nassehi 2011:15-30)

leben'? In der Soziologie können ganz unterschiedliche Formen von Zusammenleben untersucht werden. Manche zeichnen sich dadurch aus, dass die Menschen sich kennen und direkt miteinander kommunizieren, z.B. in der Familie, der Nachbarschaft oder im Freundeskreis. Das Zusammenleben kann aber auch in so großen Gruppen erfolgen, dass die direkte Kommunikation zwischen den einzelnen Mitgliedern nicht mehr möglich ist, z.B. in großen Unternehmen, ganzen Staaten oder internationalen Organisationen.

Insgesamt zeichnet sich die Soziologie also dadurch aus, dass es verschiedene Perspektiven und Positionen auf das Zusammenleben von Menschen gibt. Statt einer klaren Definition des Gegenstandes der Soziologie finden sich eine Vielzahl von Differenzierungs- und Systematisierungslinien, die genutzt werden, um die verschiedenen Perspektiven zu ordnen. Eugen Buß, Ulrike Fink und Martina Schöps (1994:15) greifen in ihrer Definition der Soziologie die folgenden Differenzierungslinien auf: Soziologie ist zu verstehen als eine Lehre von der Gesellschaft, die das soziale Handeln der Menschen zu erklären versucht (Mikroebene), die verschiedenen Vorgänge innerhalb einer Gesellschaft in einen übergeordneten Beziehungszusammenhang stellt (Makroebene), die Ähnlichkeiten und Unterschiede zwischen verschiedenen Gesellschaften zu beschreiben versucht (vergleichende Perspektive), und die gesellschaftliche Entwicklung und kulturellen Wandel interpretiert (sozialer Wandel). Während diese Definition wichtige Perspektiven der Soziologie aufgreift, lässt sie wiederum andere (wie z.B. die ‚verstehende' Soziologie oder die ‚Meso'-Ebene) unerwähnt.

Buß und Kolleginnen (1994) stellen außerdem fest, dass sich die Soziologie diesen Erkenntnisgegenstand oder zumindest Teile davon mit anderen Sozialwissenschaften teilt, wie z.B. der Erziehungswissenschaft, der Kommunikationswissenschaft, der Politikwissenschaft, der Psychologie oder der Volkswirt-

schaftslehre. Die theoretischen und methodischen Herangehensweisen sowie die konkreten Fragestellungen, die untersucht werden, unterscheiden sich jedoch meist zwischen diesen
Disziplinen. Doch wo verläuft die Grenze einer soziologischen
Fragestellung zu anderen Fragestellungen? Nehmen wir zum
Beispiel die Psychologie: Zum einen geht die Soziologie über
den individualisierenden Blick hinaus und beschäftigt sich mit
Individuen als Teil von Gruppen, Gemeinschaften und Gesellschaften. Wenn Individuen, deren Verhalten, Wahrnehmungen
und Deutungen Gegenstand der Forschung sind, dann stehen
aus soziologischer Perspektive weniger die psychischen Aspekte, kognitiven Funktionen oder gar die ‚Persönlichkeit' der einzelnen Person im Mittelpunkt, sondern eher die kollektiven
Orientierungsrahmen, die mit anderen geteilten Deutungsmus-
ter, die gesellschaftlichen Strukturen, die die Handlungen der
Einzelnen prägen und durch sie geprägt werden.

Das Entscheidende sind also die Blickwinkel, die wir einnehmen, ebenso wie die Begriffe, die wir verwenden, die soziologischen Theorien, die wir aufgreifen, die empirischen Methoden der Sozialforschung, mit denen wir Daten generieren
und auswerten, und die Ergebnisse anderer Studien, auf die
wir uns beziehen. Überspitzt ausgedrückt wird eine Fragestellung dann zu einer soziologischen Fragestellung, wenn sie an
den soziologischen Diskurs anschließt. Daher ist es eine gute
Idee, erst einmal zu lesen, was andere Soziologinnen und
Soziologen zu einem bestimmten Thema, für das Sie sich interessieren, geschrieben haben. Denn dadurch lernen Sie,
welche Fragen gestellt werden und welche Begriffe benutzt
werden. Sie können eine eigene Perspektive einnehmen und
Begriffe anders definieren, aber durch den Bezug auf das, was
Soziologinnen und Soziologen dazu gesagt und geschrieben
haben, unabhängig davon, ob Sie mit Ihnen übereinstimmen
oder nicht, nehmen Sie am soziologischen Diskurs teil und
geben Ihrer Fragestellung einen soziologischen Rahmen.

Wir wollen versuchen, das ganze an einem Beispiel zu veranschaulichen: Das Thema Bildung kann aus ganz unterschiedlichen disziplinären Perspektiven betrachtet werden. So untersucht die Psychologie die psychologischen und kognitiven Voraussetzungen von Bildung, die Erziehungswissenschaft analysiert die Vermittlung von Bildung, die Politikwissenschaft fokussiert auf die Bildungspolitik, und die Volkswirtschaftslehre auf die ökonomische Verwertbarkeit von Bildung. Diese Fragen können natürlich auch soziologisch interessant sein, hier steht aber vor allem die gesellschaftliche Bedeutung und Funktion von Bildung im Vordergrund. Im Gegensatz zur Psychologie und zur Erziehungswissenschaft geht es also nicht nur um den Prozess des Bildungserwerbs als solchen, sondern z.B. auch um die ungleiche Verteilung von Bildungschancen nach sozialer Schicht, Migrationshintergrund oder Geschlecht. Beispielsweise interessiert sich die Psychologie, was im Gehirn eines Kindes passiert und wie das sein Bildungspotential beeinflusst, während die Erziehungswissenschaft untersucht, welche Möglichkeiten die Lehrerin oder Lehrer hat, diesem Kind Bildung zu vermitteln. Die Soziologie dagegen fragt, warum Kinder aus bildungsfernen Schichten und mit Migrationshintergrund schlechtere Bildungschancen haben oder warum Jungen früher besser und heute schlechter als Mädchen im Bildungssystem abschneiden.

Dabei gibt es aber auch in der Soziologie nicht nur die ‚eine' Perspektive auf Bildung, sondern wiederum eine Vielzahl von Perspektiven, die sich nicht immer harmonisch ergänzen, sondern sich auch widersprechen können. Hinzu kommt, dass die konkreten soziologischen Perspektiven, Inhalte, Theorien und Herangehensweisen nicht dauerhaft festgeschrieben sind, sondern sich wandeln, da ihr Untersuchungsgegenstand, die Gesellschaft, sich ebenfalls ständig verändert. Das Selbstverständnis der Soziologie ist also fortlaufenden Veränderungsprozessen unterworfen, weswegen die Soziologie als Disziplin keinen Anspruch auf absolute Wahrheiten hat. Soziologische Erkenntnis ist in dieser Perspektive immer vorläufig, da sie nicht zwangsläufig in anderen Staaten oder zu anderen historischen Zeiten ebenso gelten muss. Dadurch ergibt sich aber auch ein großer Vorteil für soziologische Fragestellungen, denn alles, was Menschen sind und tun, so alltäglich und banal es auch erscheinen mag, kann Gegenstand soziologischer Forschung werden.

Doch natürlich ist der soziologische Erkenntnisprozess nicht beliebig. Vielmehr gibt es eine Vielzahl an ausgesprochenen und unausgesprochenen Regeln, was eine soziologische Fragestellung ist und mit welchen Begriffen, Theorien und Methoden diese untersucht werden kann. Soziologie wird häufig als eine Erfahrungswissenschaft (Kromrey 1998:21,24) bezeichnet, die sowohl auf empirischen Beobachtungen als auch auf theoretischen Überlegungen basiert.

Der Begriff Empirie (griech. empeiria = Erfahrung) definiert dabei ein bestimmtes Alltags- und Wissenschaftsverständnis, in dem alle Erkenntnisse auf Beobachtungen und gemachte Erfahrungen zurückgeführt werden. Auch wenn es im Kern keinen grundlegenden Unterschied zwischen alltäglicher und wissenschaftlicher Erfahrung gibt, so unterscheiden sie sich doch in ihrer Systematik und in der Zielsetzung. Während Alltagserfahrungen meist unsystematisch und situationsorientiert sind und auf konkretes Handeln abzielen, sind wissenschaftliche Beobachtungen systematischer und erkenntnisorientierter und zielen häufig auf Verallgemeinerungen ab. Das methodische Vorgehen, wie wissenschaftliche Erfahrungen, d.h. empirische Beobachtungen gesammelt werden, unterliegt Regeln, die Sie im Soziologiestudium im Rahmen der Methodenausbildung erlernen. Methoden werden nicht einfach ‚irgendwie' praktiziert, sondern theoretisch reflektiert und methodologisch begründet. In den Worten von Hans-Georg Soeffner:

„Der wissenschaftliche Interpret (sic) macht zwar nichts prinzipiell anderes als das, was Menschen im Alltag auch tun: Er deutet Wahrnehmungen als Verweise auf einen ihnen zugrunde liegenden Sinn hin. Aber anders als der Alltagsmensch versucht der wissenschaftliche Interpret, sich über die Voraussetzungen und die Methoden seines Verstehens Klarheit zu verschaffen." (Soeffner 2004:167)

Üblicherweise wird zwischen qualitativen und quantitativen Methoden der empirischen Sozialforschung unterschieden, wobei diese Unterscheidung nicht unumstritten ist (Strübing 2013:3-9). An dieser Stelle ist für Sie hilfreich zu wissen, dass es in der Soziologie unterschiedliche methodische Herangehensweisen gibt, die sich in ihren Vorgehensweisen, Vorannahmen und Erkenntniszielen unterscheiden. *Qualitative* Methoden der Datengewinnung (z.B. teilnehmende Beobachtung, narrative Interviews, Gruppendiskussionen etc.) gehen in der Regel möglichst offen an den Forschungsgegenstand heran und erzeugen Daten, die sich durch eine hohe Kontextfülle, vergleichsweise kleine Fallzahlen und einen geringen Grad der Standardisierung auszeichnen. In der Auswertung kommt der Interpretation ein besonderer Stellenwert zu. Oft dienen qualitative Methoden dazu, Theorie zu generieren.[2] *Quantitative* Methoden (z.B. Fragebogen-Surveys, Experimente) zielen dagegen meist darauf ab, Theorien und Hypothesen zu prüfen – mit möglichst großen Fallzahlen bzw. repräsentativen Stichproben. Die Methoden sind standardisierter, es wird gezählt, gemessen und gewichtet, und in der Auswertung kommen mathematisch-statistische Verfahren zum Einsatz.[3] Qualitative

---

[2] Zur Einführung in die Vielfalt der qualitativ-interpretativen Methoden siehe Flick (2014), Przyborski & Wohlrab-Sahr (2014), Rosenthal (2011) oder Strübing (2013).

[3] Zur Einführung in die quantitativen Methoden siehe Bortz & Döring (2015), Diekmann (2009), Kromrey (2009) oder Wolf & Best (2010).

und quantitative Verfahren können auch kombiniert werden (Kelle 2008).

Unabhängig davon, ob qualitative oder quantitative Methoden angewendet werden, das Ziel empirischer Wissenschaften ist es, Aussagen über die soziale Wirklichkeit zu machen, indem sie aus der Beobachtung heraus Theorien ableiten und diese dann wiederum etwa durch Beobachtungen systematisch überprüfen.

Doch was ist eine soziologische Theorie? Genau wie mit der Definition der Soziologie allgemein gibt es auch hierfür keine einheitliche Definition. Häufig wird die Soziologie als „analytische Erkenntniswissenschaft" (Buß, Fink & Schöps 1994:18) bezeichnet. In diesem Verständnis ist Theorie eng mit der empirischen Forschung verknüpft und hat die Aufgabe, den Sinn empirischer Befunde zu verstehen und diese in einen Erklärungszusammenhang zu bringen. In diesem Sinne ist „für den strikt erfahrungswissenschaftlichen Soziologen (…) Beschreibung und Erklärung sozialer Phänomene das Ziel. Die angestrebte Theorie ist ein (…) System von empirisch prüfbaren Aussagen" (Mayntz et al. 1974:24, zitiert nach Buß, Fink & Schöps 1994:18). Allerdings ist auch ein solches Theorieverständnis in der Soziologie nicht unumstritten. Nicht jede Theorie ist empirisch überprüfbar und auch nicht jede hat den Anspruch, dies zu sein. Insofern unterscheiden sich soziologische Theorien nicht nur in ihrer Reichweite und ihrem Gegenstand, sondern Theorie und Empirie können auf vielfältige Art und Weise miteinander verknüpft sein (vgl. für die qualitative Forschung Kalthoff, Hirschauer & Lindemann 2008).

Jenseits der Frage der empirischen Überprüfbarkeit besitzen Theorien eine Reihe von formalen Merkmalen, die für sie konstitutiv sind. Bei einer Theorie handelt es sich um logisch miteinander verknüpfte Aussagen. Die zentralen Bestandteile dieser Aussagen sind zum einen die Definitionen der grundlegenden Begriffe, zum anderen gedanklich konstruierte Systeme von Zusammenhängen, die diese Begriffe in einen Sinnzusammenhang stellen oder kausal miteinander verknüpfen. Zentral dabei ist, dass eine Theorie nicht nur aus lauter einzelnen Begriffsdefinitionen besteht, sondern aus der Beziehung zwischen den Begriffen. In der Soziologie gibt es fast immer mehrere Theorien zu einem bestimmten Phänomen, die miteinander koexistieren oder sogar konkurrieren. Mit Blick auf Geschlechterungleichheiten im Bildungssystem würde beispielsweise eine biologische Perspektive annehmen, dass unterschiedlicher Erfolg in der Schule rein auf biologische Unterschiede zwischen den Geschlechtern, wie z.B. Hormone oder die Gehirnstruktur zurückzuführen sind (Schmitz 2006). Dagegen geht eine sozial-konstruktivistische Perspektive davon aus, dass alle Unterschiede zwischen Männern und Frauen, ja sogar die Annahme, dass es nur zwei Geschlechter (nämlich Männer und Frauen) gibt, gesellschaftliche Vorstellungen sind, die immer wieder neu hervorgebracht werden (*doing gender*) und auch ganz anders aussehen könnten (Gildemeister 2010; Wetterer 2010). Die Folge davon ist, dass es immer mehrere, teilweise unvereinbare theoretische Perspektiven gibt, die auch beim Erstellen einer wissenschaftlichen Arbeit im Studium berücksichtigt werden müssen.

Was aber ist nun das wissenschaftliche an einer soziologischen Fragestellung? Auch hierfür gibt es keine klare Antwort, sondern verschiedene Positionen. die auch die Debatten um Gütekriterien in der empirischen Forschung charakterisieren (Bortz & Döring 2006:195-206; Kromrey 1998:169-171; Lüders 2011). Für Studienanfänger und -anfängerinnen ist möglicherweise der durch seine schlichte Klarheit bestechende Ansatz des Literaturwissenschaftlers Umberto Eco hilfreich. Laut Eco (2010:40-44) ist eine Untersuchung wissenschaftlich, wenn sie die folgenden Anforderungen erfüllt:

1. „Die Untersuchung behandelt einen *erkennbaren Gegenstand, der so genau umrissen ist, daß er auch für Dritte erkennbar ist"* (Eco 2010:40, Hervorhebung im Original). Den Gegenstand bestimmen heißt also, die Bedingungen festzulegen, unter denen wir über ihn auf der Grundlage von bestimmten Regeln sprechen können. Gemeint sind solche Regeln, die entweder wir aufgestellt haben oder die andere vor uns aufgestellt haben. Wenn wir uns also thematisch mit ungleichen Bildungschancen nach Geschlecht beschäftigen möchten, dann sollten wir also zunächst klären, was unter Bildungschancen, Ungleichheit und Geschlecht zu verstehen ist. Um dies zu tun, werden wir wahrscheinlich keine eigenen Definitionen dafür erfinden, sondern uns an bestehenden Konzeptionen orientieren.

2. „Die Untersuchung muß über diesen Gegenstand *Dinge sagen, die noch nicht gesagt worden sind,* oder sie muß Dinge, die schon gesagt worden sind, aus einem neuen Blickwinkel sehen" (Eco 2010:41, Hervorhebung im Original). Meist ist die Aufgabe einer wissenschaftlichen Arbeit im Studium nicht, vollkommen Neues zu einem bestimmten Thema zu sagen, zumindest wenn es sich nicht um eine Abschlussarbeit handelt. Aber selbst beim Verfassen eines Essays oder einer Hausarbeit haben Sie die Möglichkeit, Ihren eigenen Blickwinkel auf das Thema einzubringen, sei es durch die Systematisierung der bestehenden Literatur in einer so noch nicht dagewesenen Art und Weise oder durch das Formulieren eines eigenen Standpunkts, einer eigenen kritischen Position.

3. „Die Untersuchung muß *jene Angaben enthalten, die es ermöglichen nachzuprüfen, ob ihre Hypothesen falsch oder richtig sind,* sie muß also die Angaben enthalten, die es ermöglichen, die Auseinandersetzung in der wissenschaftlichen Öffentlichkeit fortzusetzen." (Eco 2010:44, Hervorhebung im Original)

Nicht jede Forschung arbeitet mit Hypothesen. Gemeint ist hier, dass die Vorannahmen, die in die Arbeit einfließen, sichtbar und damit kritisierbar sein müssen. Dieser Nachweis fängt damit an, dass Sie die verwendete Literatur und die genutzten Quellen richtig und für alle nachvollziehbar zitieren (siehe Kapitel 5). Im Fall einer empirischen Arbeit ist es zudem wichtig, dass Sie die genutzten Daten genau dokumentieren, ebenso wie die verwendeten Erhebungs- und Auswertungsverfahren.[4]

Umberto Eco (2010:42) führt noch einer weiteren, vierten Punkt an, nämlich den „Nutzen für andere", der dann gegeben ist, wenn die Untersuchung einen eigenen wissenschaftlichen Beitrag zum Fach leistet. Dieser Anspruch wird jedoch in den meisten Fällen nicht auf wissenschaftliche Arbeiten im Studium zutreffen, sondern eher auf Abschlussarbeiten und auf Dissertationen. Insofern sollten Sie hier die Messlatte Ihrer Ansprüche nicht zu hoch hängen. Denn auch die Berücksichtigung der ersten drei Punkte ist ausreichend, um das wissenschaftliche an Ihrer Arbeit zu dokumentieren.

Bezüglich des Nutzens einer wissenschaftlichen Arbeit kann man übrigens auch nach dem Nutzen jenseits der Soziologie fragen, d.h. nach ihrem Anwendungsbezug: Wie ‚nützlich' kann und soll Ihre Fragestellung sein für Personen und Einrichtungen außerhalb der Soziologie? Angesichts der Komplexität sozialer Zusammenhänge ist es schwierig, konkrete Vorschläge zur Gestaltung sozialer Phänomene zu machen. Es kann ja doch ganz anders kommen (nicht-intendierte Auswirkungen). Manche Soziologinnen und Soziologen vertreten die Position,

---

4   Nicht nur andere sollten unsere Ergebnisse anzweifeln können. So formuliert beispielsweise die Deutsche Forschungsgemeinschaft (2013:15) in ihren Empfehlungen zur Sicherung guter wissenschaftlicher Praxis, dass es zu den allgemeinen Prinzipien des wissenschaftlichen Arbeitens gehört, „alle Ergebnisse konsequent selbst anzuzweifeln."

dass es Aufgabe der Soziologie ist, soziale Wirklichkeit zu verstehen, nicht Vorschläge zu machen. Nach diesem Verständnis zeichnet sich soziologische Forschung gerade dadurch aus, dass sie vom unmittelbaren Handlungsdruck (gesellschaftlicher Akteure) befreit ist und neue Sichtweisen auf die Phänomene eröffnet. Andererseits werden auch Prognosen erstellt und es besteht eine lange Tradition der anwendungsorientierten Sozialforschung. Viele Soziologinnen und Soziologen machen Politikberatung und treten öffentlich in den Medien auf. Auch solche Beiträge zu öffentlichen Diskursen könnten als gesellschaftlicher „Nutzen" der Soziologie bezeichnet werden.[5]

Diese vier Punkte – 1. den Gegenstand zu bestimmen, 2. neue Blickwinkel zu eröffnen, 3. genau zu dokumentieren und Zweifel zulassen bzw. zu kultivieren sowie 4. den möglichen Nutzen dieser Anstrengungen in Erwägung zu ziehen – gehören zum Kern des wissenschaftlichen Arbeitens. Insbesondere der erste Punkt dieser Auflistung führt uns zurück zum Ausgangspunkt dieses Kapitels, nämlich das Finden eines Themas und einer Fragestellung für Ihre wissenschaftliche Arbeit. Im Folgenden werden wir daher zunächst diskutieren, welche Möglichkeiten der Themeneingrenzung Sie verfolgen können, bevor wir Ihnen Strategien zur Konkretisierung der Fragestellung vorstellen.

1.2 Wie grenze ich das Thema ein?

Wie gehen Sie jetzt konkret vor, wenn Sie ein Thema für eine Prüfungsleistung im Studium entwickeln wollen? Manchmal ist dieser Schritt sehr einfach umzusetzen, wenn Sie nämlich

---

[5]   Tipps zum Weiterlesen zur Diskussion um das Verhältnis von Soziologie und Gesellschaft: Keller (2012); Nassehi (2006,2011) oder auch die Diskussion um *Public Sociology* im Blog der Deutschen Gesellschaft für Soziologie und der Zeitschrift *Soziologie*.

eine konkrete Fragestellung von Ihrem jeweiligen Dozenten oder ihrer Dozentin vorgegeben bekommen. Die Vorteile davon liegen auf der Hand: Zum einen ist anzunehmen, dass die Betreuungsperson ein begründetes Interesse an diesem Thema hat, zum anderen fällt es ihr aufgrund ihrer Erfahrung leichter, geeignete von ungeeigneten Themen zu unterscheiden, die sich im Rahmen des Seminars bearbeiten lassen, und schließlich wird sie sicherlich schon erste Literatur vorschlagen können, auf der Sie dann für die eigenen Recherche aufbauen können (Ebster & Stalzer 2003:30).

Doch nicht immer wird Ihnen ein Thema vorgegeben, häufig bekommen Sie auch nur eine sehr allgemeine Aufgabenstellung, bei der Sie selbst das Thema finden sollen. Eine solche allgemeine Vorgabe könnte beispielsweise lauten: „Schreiben Sie ein Essay zu einer Fragestellung Ihrer Wahl, die sich thematisch auf eine Sitzung des Seminars ‚Bildung und Geschlecht' bezieht und diskutieren Sie das Thema kritisch anhand von vier selbst gewählter Literaturquellen!". So allgemein diese Formulierung auch sein mag, es ergibt sich selbst hier schon eine klare erste thematische Eingrenzung: der Bezug zum Thema des Seminars im Allgemeinen und zu einer Sitzung des Seminars im Besonderen, zu dem Sie die schriftliche Arbeit erstellen. Doch auch dann haben Sie immer noch die Wahl aus mehr als zehn möglichen Themenblöcken.

Wenn Sie nach einen Thema für Ihre schriftliche Arbeit zu diesem Seminar suchen, stehen Sie zunächst vor der Entscheidung, ob es sich um eine rein literaturbasierte Arbeit handelt oder ob Sie eine eigene kleine empirische Untersuchung durchführen möchten. Für einen Essay werden Sie aufgrund seiner Kürze und spezifische Zielsetzung (siehe Kapitel 4) in der Regel keine eigenen empirischen Daten erheben und auswerten, sondern auf bereits in der Literatur vorhandene theoretische und empirische Erkenntnisse zurückgreifen. In einer Hausarbeit oder einer Projektarbeit ist es dagegen häufig möglich, auch empirische Arbeiten durchzuführen. Mit Blick auf die zu entwickelnde Fragestellung ergeben sich je nach Art der Arbeit unterschiedliche Zielsetzungen. Bei einer literaturbasierten Arbeit beantworten Sie die wissenschaftliche Fragestellung durch die Bearbeitung relevanter wissenschaftlicher Literatur. Dagegen ziehen Sie bei einer empirischen Arbeit neben der bestehenden Literatur auch die Ergebnisse einer eigenen Analyse und Interpretation von empirischem Material heran. Da es sich bei dieser Aufgabenstellung um ein Essay handelt, entscheiden Sie sich also für eine literaturbasierte Arbeit.

In einem nächsten Schritt gilt es nun, sich zu entscheiden, zu welchem konkreten Thema Sie schreiben möchten. Da die möglichen Themen durch den Veranstaltungsplan des Seminars „Bildung und Geschlecht" bereits vorgegeben sind, können Sie sich zunächst fragen, welche der Sitzungen Sie besonders interessiert hat oder spannend war. Ein Blick in den Ablaufplan des Seminars wird Ihnen schnell zeigen, dass Sie mit manchen Sitzungen inhaltlich gar nichts mehr verbinden, Ihnen dagegen andere sehr gut im Gedächtnis geblieben sind. Versuchen Sie nun, für sich zu klären, warum das der Fall ist. Waren die Texte besonders interessant und überzeugend? Oder die Diskussionen dazu? Oder fanden Sie im Gegenteil das behandelte Thema eher wenig nachvollziehbar und kritisierbar? Mit Hilfe solcher Überlegungen können Sie herausfinden, welches der Seminarthemen Sie nachhaltig interessiert und warum, und gibt Ihnen eine erste Richtung, in die die Fragestellung gehen könnte.

Um ein mögliches Thema weiter einzugrenzen, werden persönliche und literaturbasierte Strategien vorgeschlagen (Ebster & Stalzer 2003:30ff.). Die persönlichen Strategien basieren auf Ihren persönlichen Erfahrungen und Interessen. Vielleicht gibt es eine Frage, die Sie schon immer interessiert hat, oder ein Thema in einer Sitzung im Seminar, das Sie besonders angesprochen hat. Wie wir vorhin schon dargelegt haben, ist es gerade ein Vorteil der Soziologie als Wissenschaft, dass sie im Prinzip jeden Alltagsgegenstand zum wissenschaftlichen Thema machen kann. Daher können sich für Sie interessante Themen auch aus der Beobachtung von einzelnen Personen im persönlichen Umfeld oder aus öffentlich diskutierten, gesellschaftlichen Problemen ergeben. Mit Blick auf das Seminar „Bildung und Geschlecht" ist ein solcher populärer Diskurs, dass Jungen im Bildungssystem heute benachteiligt sind, weil es zu viele Lehrerinnen (kleines i!) gibt, den Jungen die Vorbilder fehlen und sie vielleicht sogar aktiv benachteiligt werden. In der Sitzung zu diesem Thema haben Sie jedoch gelernt, dass es bislang keine empirische Untersuchung gibt, die diese Annahmen für Deutschland bestätigen. Genau dieser Widerspruch zwischen öffentlichem Diskurs und wissenschaftlichen Befunden könnte ein spannender Aufhänger für das Thema Ihrer Arbeit sein.

In der Praxis greifen persönliche und literaturbasierte Strategien oft ineinander, d.h. das Thema entwickelt sich in der persönlichen Auseinandersetzung mit der Literatur. Mit Hilfe von literaturbasierten Strategien entwickeln Sie ein Thema aus dem wissenschaftlichen Wissen heraus. Nun werden Sie vielleicht denken, dass diese Strategien nicht für Sie in Frage kommen, da Sie die Literatur ja noch gar nicht kennen. Aber auch hier ist es von Vorteil, wenn Sie eine Arbeit zum Thema eines von Ihnen besuchten Seminars schreiben, weil Sie in diesem Fall meist schon einen guten Einblick in bzw. Überblick über die relevante Literatur erhalten haben. Beispielsweise ist Ihnen vielleicht im Seminar aufgefallen, dass es für Sie letztlich immer noch nicht geklärt ist, warum früher Jungen die besseren Abschlüsse im Bildungssystem erreichten und es heute die Mädchen sind. Dies wäre ein Beispiel für empirische Fakten, die der Erklärung bedürfen.

Es kann aber auch sein, dass Sie zwei unterschiedliche Theorien kennen gelernt haben, die sich im Kern widersprechen und zu ganz unterschiedlichen Begründungen für das gleiche Phänomen führen würden. Mit Blick auf den geänderten Bildungserfolg der Mädchen würde eine sozialisationstheoretische Perspektive mit dem Wandel von Geschlechterrollen für Frauen argumentieren, die heute viel progressiver sind als früher und Frauen deswegen nicht mehr nur Hausfrau und Mutter, sondern auch erfolgreich erwerbstätig sein können. Dagegen könnte man auf Basis der Rationalen Entscheidungstheorie (Rational Choice) annehmen, dass sich vor allem die Erträge von Bildung für Frauen geändert haben, z.B. im Arbeitsmarkt, aber auch mit Blick auf die Familie, und sie deswegen heute mehr in Bildung investieren. Hier wäre es spannend zu untersuchen, inwiefern empirische Untersuchungen eine der beiden Perspektiven stärker stützen oder ob sie im Kern gar nicht so widersprüchlich sind. Generell geht es bei literaturbasierten Strategien also immer darum, nach offenen Fragen, blinden Flecken, Widersprüchen oder Inkonsistenzen zu suchen, woraus sich Fragestellungen für Ihre Arbeit ergeben können. Manchmal ist es diesbezüglich auch hilfreich, sich den Ausblick am Ende von Aufsätzen, Dissertationen oder Abschlussarbeiten genauer anzusehen, da dort ebenfalls solche offenen Fragen aufgeführt werden.

Auf Basis dieser personalen und/oder literaturbasierten Strategien werden Sie sicherlich das mögliche Themenspektrum eingrenzen können. Doch welches konkrete Thema sollen Sie nun weiter verfolgen? Zur weiteren Eingrenzung des Themas eignen sich vier pragmatische Regeln (Eco 2010:14f.):

1. Suchen Sie sich ein Thema, das Ihren persönlichen Interessen entspricht.

   So banal dieser Punkt erscheinen mag, so wichtig ist er, denn nur wenn Ihnen ein Thema Freude macht und Sie neugierig auf die entsprechende Literatur und die Ergebnisse sind, werden Sie auch bei der Stange bleiben und sich zumindest für eine gewisse Zeit intensiv damit beschäftigen.

2. Suchen Sie sich ein Thema, für dessen Bearbeitung die Literatur und das empirische Material leicht auffindbar und zugänglich sind.
   Bei Literatur ist das meist, aber nicht immer der Fall (siehe ausführlich Kapitel 2). Bei empirischem Material kann der Zugang schwierig sein: Es kann z.B. lange dauern, bis Sie Interview-Partner oder -Partnerinnen gefunden und qualitative Interviews durchgeführt haben. Bei quantitativen Daten kann es sein, dass Sie keinen Zugang bekommen, weil die Daten nur spezifischen Nutzergruppen vorbehalten sind. Oder Sie müssen dafür hohe Gebühren zahlen oder lange warten, bis Ihnen der Zugang ermöglicht wird. Wenn Sie also eine empirische Seminararbeit schreiben möchten, sind solche forschungspraktischen Aspekte vor Beginn der Arbeit und vor Eingrenzung des Themas zu prüfen.

3. Suchen Sie sich ein Thema, für das die Literatur, die Sie verwenden, verständlich und nachvollziehbar ist, sei es mit Blick auf die verwendete Sprache oder das Anforderungsniveau und den Komplexitätsgrad (siehe Kapitel 3.4).

4. Wenn Sie sich für eine empirische Arbeit entschieden haben, suchen Sie sich ein Thema, für dessen Bearbeitung Ihre methodischen Kenntnisse ausreichen.
   So spannend und herausfordernd es sein mag, eine Panelanalyse für Längsschnittdaten zu berechnen – wenn Sie bisher noch keine quantitative Auswertung selbst durchgeführt haben, ist es möglicherweise sinnvoller, zum Einstieg ein weniger voraussetzungsvolles Verfahren zu wählen und beispielsweise mit einer einfachen multiplen linearen Regression zu beginnen. Auch in der qualitativen Sozialforschung gibt es unterschiedlich anspruchs- und voraussetzungsvolle Verfahren. Lassen Sie sich im Zweifelsfall von Ihrem Betreuer oder Ihrer Betreuerin beraten.

1.3 Wie komme ich zu einer konkreten Fragestellung?

Wenn Sie nun das passende Thema gefunden haben, sind Sie immer noch weit davon entfernt, eine tatsächlich bearbeitbare Forschungsfrage zu haben. Denn in den meisten Fällen ist das Thema immer noch sehr weit gesteckt und enthält eine Vielzahl von möglichen wissenschaftlichen Fragestellungen. In einem nächsten Schritt gilt es nun, sich für eine solche zu entscheiden. Dafür können Sie sich fragen: Was genau will ich mit meiner wissenschaftlichen Arbeit herausfinden? Insofern präzisiert die wissenschaftliche Fragestellung das Thema und es ist sinnvoll, nur eine oder einige wenige Fragen zu stellen. Gerade wenn Sie ein kurzes Essay oder eine kurze Hausarbeit schreiben, ist es einfacher und zielführender für die Bearbeitung, wenn Sie nur eine einzige Fragestellung ausführlich behandeln, statt mehrere nur oberflächlich zu streifen.

1.3.1 ‚Clustern' zur Eingrenzung des Themas

Im Folgenden werden wir Ihnen zwei visuelle Verfahren vorstellen, um mögliche Fragestellungen zu einem Thema zu sortieren, einen Fokus zu finden, das Thema weiter einzugrenzen und um Ihre Gedanken zu ordnen. Clustertechniken dienen der Aktivierung Ihres Vorwissens zu einem bestimmten Thema und helfen dadurch, die Vielfalt der Aspekte zu diesem Thema sichtbar zu machen (Beinke, Brinkschulte & Bunn 2011:21f.). Das Clustern, also das Zusammentragen dieser unterschiedlichen Aspekte erfolgt zunächst assoziativ, d.h. Sie schreiben erst mal alles auf, was Ihnen zum Thema einfällt, und lassen Ihren Gedanken freien Lauf.

Nehmen Sie sich dafür ein leeres Blatt und ungefähr 15 bis 20 Minuten Zeit. In einem ersten Schritt schreiben Sie den zentralen Begriff oder die zentralen Begriffe zu der Thematik,

Abbildung 1: Clustertechnik zur Eingrenzung des Themas

die Sie interessiert, in die Mitte des Blattes. Im Anschluss notieren Sie alle Assoziationen, die Ihnen spontan dazu einfallen,
darum herum, ohne Rücksicht darauf zu nehmen, ob sie Ihnen
sinnvoll erscheinen oder nicht. Wenn Ihnen nichts weiter dazu
einfällt, sehen Sie sich die notierten Assoziationen genauer an
und überlegen, welche davon Sie am meisten interessiert. Damit haben Sie eine erste Eingrenzung des Gegenstandsbereichs
vorgenommen. Diesen Begriff kreisen Sie ein und verwenden
ihn in einem zweiten Schritt als zentralen Oberbegriff für das
nächste Cluster. Auch für dieses verfahren Sie wieder so wie
beim ersten Arbeitsschritt, schreiben also spontan alle Assoziationen dazu auf und kreisen die für Sie interessantesten ein.
Sie können dieses Verfahren so lange wiederholen, wie es
Ihnen sinnvoll erscheint. Meist werden Sie an einen Punkt
kommen, wo Ihnen das Vorwissen fehlt, um genügend Assoziationen aktivieren zu können und wo Sie keine weiteren
sinnvollen Untergliederungen mehr finden können. An diesem
Punkt haben Sie Ihren Gegenstandsbereich meist so weit eingegrenzt, dass er sich in einer einzelnen Fragestellung bearbeiten lässt. In der Abbildung 1 finden Sie ein Beispiel für drei
mögliche Cluster zum Thema Bildung und Geschlecht.

Das Clustern hilft Ihnen also, den Gegenstandsbereich für
eine mögliche Fragestellung immer weiter einzugrenzen. Zu
Beginn des Studiums werden Sie wahrscheinlich nach dem
Clustern immer noch ein relativ weit gestecktes Thema haben,
da Sie einfach noch nicht so viel Vorwissen besitzen, das Sie
aktivieren können. Erst in den höheren Semestern werden Sie
schon am Ende eines ersten Clusterschrittes eine sehr spezielle Thematik erhalten, die spezifisch genug ist, um als Forschungsfrage weiter bearbeitet werden zu können. In beiden
Fällen behalten Sie jedoch im Blick, was Sie nicht machen und
welche Bereiche Sie nicht untersuchen möchten. Dies hilft
Ihnen beispielsweise später beim Schreiben der Einleitung, um
Ihr Thema abzugrenzen.

Sollten Sie am Ende des Clusterns das Gefühl haben, dass Sie noch zu wenig über das Thema wissen, um es weiter eingrenzen zu können, können Sie in einem nächsten Schritt relevante Literatur suchen, um sich weiter einzulesen (siehe Kapitel 2). Mit diesem erweiterten Vorwissen setzen Sie sich dann wieder an Ihre Cluster und versuchen, das Thema weiter einzugrenzen. Meist wird Ihnen das schon nach dem Lesen von einigen wenigen Quellen gelingen, vor allem, wenn es sich um Überblickswerke handelt

1.3.2 Mind-Maps zur Strukturierung des Themas

Doch wie gelangen Sie vom eingegrenzten Thema zur konkreten Fragestellung? Beim Erstellen von sogenannten Mind-Maps ist es das Ziel, eine Ordnung in die von Ihnen identifizierten Begriffe zu bringen. „Mind-Maps sind Strukturbäume, die das Vorwissen und das erarbeitete Wissen über eine mögliche Seminararbeit systematisch abbilden und es Ihnen erleichtern, eine (vorläufige) Gliederung zu erstellen" (Beinke, Brinkschulte & Bunn 2011 24). Nehmen Sie dazu ein weiteres leeres Blatt und schreiben Sie den Oberbegriff Ihres Themas oben die Mitte. Versuchen Sie dann, die dazugehörigen Begriffe darunter in einen möglichen inhaltlichen Zusammenhang zu diesem Oberthema zu bringen, um dadurch eine logische Ordnung zu erarbeiten. Dafür können Sie wiederum weitere Begriffe verwenden, die diese Ordnung inhaltlich begründen, z.B. durch die Gegenüberstellung von Theorie und Empirie. Abbildung 2 zeigt Ihnen ein Beispiel für eine mögliche Strukturierung des oben gefundenen dritten Clusters.[6]

---

[6]   Wenn Sie die Mind-Maps nicht von Hand erstellen möchten, können Sie auch eine kostenlose Software (z.B. www.bubbl.us) nutzen.

Abbildung 2: Mind-Map zur Strukturierung des Themas

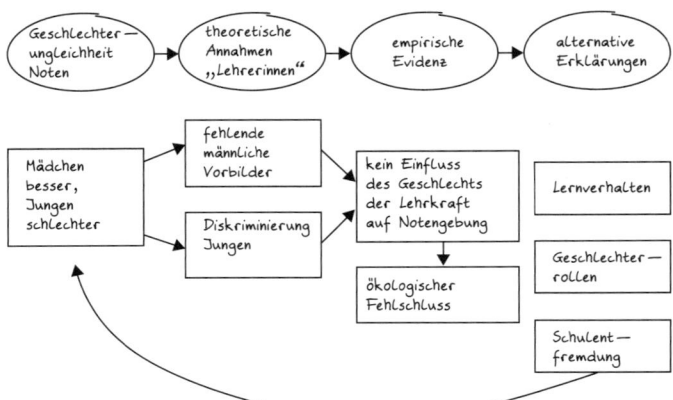

Mind-Maps helfen Ihnen also, die verschiedenen Aspekte und Komponenten eines Themas weiterzuentwickeln und zu systematisieren. Auch in diesem Schritt kann es wieder hilfreich sein, weitere Literatur heranzuziehen, um das Thema klarer zu strukturieren. Denn erst in der Auseinandersetzung mit der soziologischen Literatur zu einem Thema, durch das Erkennen von Bezügen innerhalb dieser Literatur und die Bezugnahme auf diese Diskurse wird auch die eigene Fragestellung soziologisch. Je mehr Sie in der der Lage sind, Ihr Thema mit Hilfe einer Mind-Map inhaltlich zu strukturieren, desto leichter wird es Ihnen fallen, eine konkrete wissenschaftliche Fragestellung zu formulieren.

Mit Blick auf das verwendete Beispiel könnte man beispielsweise fragen: „Warum erhalten Jungen schlechtere Noten als Mädchen?" Diese Frage bleibt allerdings noch sehr allgemein, da prinzipiell eine Vielzahl an möglichen Erklärungen herangezogen werden können und der Fokus der möglichen Erklärung auf die Lehrerinnen nicht explizit wird. Insofern könnte man zugespitzt fragen: „Inwiefern trägt der gestiegene Anteil an Lehrerinnen möglicherweise dazu bei, dass Jungen schlechtere Noten erhalten als Mädchen?" Auf Basis der Literatur, die Sie im Seminar gelesen haben, können Sie inhaltlich zunächst die wesentlichen theoretischen Argumente herausarbeiten, warum das Geschlecht der Lehrkraft einen Einfluss haben könnte. In einem nächsten Schritt können Sie diese Annahmen mit empirischen Evidenzen kontrastieren, denn es gibt bislang keine Studie zu Deutschland, die auf der Individualebene einen Zusammenhang zwischen dem Geschlecht der Lehrkraft und den Noten von Jungen findet (Helbig 2010; Neugebauer 2011; Neugebauer, Helbig & Landmann 2011), weswegen Sie diesen Zusammenhang auf der Makroebene auch als Beispiel für einen ökologischen Fehlschluss interpretieren können.[7] Schließlich könnten Sie abschließend alternative Erklärungen für die schlechteren Noten von Jungen anbieten, sei es durch den Verweis auf lernförderliches Verhalten, Schulentfremdung oder traditionelle Geschlechterrollen (Hadjar, Lupatsch & Grünewald-Huber 2010).

Während Sie also beim Clustern den Gegenstandsbereich Ihrer Arbeit eingeschränkt haben, hilft Ihnen die Mind-Map, Ihr Thema zu strukturieren und daraus eine konkrete Forschungsfrage zu gewinnen. Ein großer Vorteil der beiden Arbeitstechniken ist, dass Sie recherchierte Literatur zu Thema und Fragestellung gezielt den Gliederungspunkten zuordnen können (siehe Kapitel 4). Dadurch fällt es Ihnen leichter, zu

---

[7]   Ein ökologischer Fehlschluss ist ein Begriff aus der quantitativen Sozialforschung. Er bezeichnet den falschen Schluss von Aggregatdaten auf mögliche Zusammenhänge auf der Individualebene. Beispielsweise beweist ein gestiegenes Aufkommen von Störchen in Mecklenburg-Vorpommern und eine gleichzeitig höhere Geburtenrate dort nicht, dass Störche die Babys bringen. Angewandt auf unser Beispiel ist der ökologische Fehlschluss, dass der gestiegene Anteil an Lehrerinnen im Bildungssystem zu einer Benachteiligung von Jungen führt.

entscheiden, welche Literatur relevant für die Beantwortung Ihrer Fragestellung ist und welche nicht. Gleichzeitig können Sie Ihre Cluster und Mind-Maps jederzeit ergänzen und um neue Aspekte erweitern.

1.3.3 Mögliche Fragetypen

Wenn Sie über mögliche Fragestellungen nachdenken, können Sie grundsätzlich mehrere unterschiedliche Fragetypen unterscheiden. Manche Fragetypen sind rein explorativ, wenn nämlich nur sehr wenig über mögliche Ursachen und Zusammenhänge zum Thema bekannt ist und Sie erst einmal einen Einblick in den Forschungsgegenstand erhalten möchten. Ziel ist hier das Finden, also die Frage nach dem „Was?". Mit Blick auf unser Beispiel könnten Sie daher fragen „Was zeichnet Geschlechterungleichheiten im Bildungssystem aus?" und hätten als mögliche Antworten Ihr erstes Cluster.

Deskriptive Fragen beziehen sich dagegen auf eine Beschreibung des näher spezifizierten Untersuchungsgegenstandes, allerdings ist auch hier noch wenig über mögliche Ursachen bekannt. Ziel ist hier also das Beschreiben und die Beantwortung der Frage „Wie?". Bezüglich der in Cluster 2 identifizierten Unterschiede zwischen Jungen und Mädchen könnte man also fragen „Wie unterscheiden sich die Noten von Jungen und Mädchen?". Viele explorative und beschreibende Fragen bilden den notwendigen ersten Schritt einer wissenschaftlichen Arbeit, da Ihnen erst dadurch klarer wird, was das zu untersuchende Phänomen Ihrer Arbeit auszeichnet und wo eine mögliche Fragestellung für Ihre Arbeit liegt.

Wenn es nämlich keine Geschlechterungleichheiten in diesen beiden Aspekten gibt, muss man auch nicht weiter nach dem „Warum?" fragen. Dieser dritte Fragetyp zielt auf das Erklären und Verstehen des Gegenstandes ab und ist derjenige, der in der Soziologie am häufgsten Verwendung findet. Wenn Sie eine Fragestellung haben, die rach dem Warum fragt, werden Sie nicht umhin kommen, scziologische Theorien zu konsultieren, die Ihnen helfen werden, das zu untersuchende Phänomen besser zu verstehen und zu erklären. Mit Blick auf unser Thema hieße das ganz allgemein „Warum erhalten Jungen schlechtere Noten als Mädchen?"

Doch egal, welchen Fragetypus Sie untersuchen wollen – Sie werden bald merken, dass das Formulieren einer präzisen, relevanten und im Rahmen der vorgesehenen Arbeit auch beantwortbaren Fragestellung beinahe so schwierig ist wie die anschließende Beantwortung dieser Frage. Planen Sie also für das Finden einer geeigneten Fragestellung für Ihre wissenschaftliche Arbeit genügend Zet ein! Denn je genauer Sie wissen, was Sie eigentlich untersuchen möchten, umso leichter fällt es Ihnen, passende Literatur zu recherchieren (siehe Kapitel 2) und eine mögliche erste Gliederung zu erstellen. Sollte es nicht sowieso von Ihrer Dozentin oder Ihrem Dozenten verlangt werden, raten wir Ihnen daher, jede Fragestellung, die Sie untersuchen wollen, mit ihr oder ihm zu besprechen, am besten schon zusammen mit einer kurzen Literaturliste und einer ersten Gliederung. So können Sie sicherstellen, dass Ihre Arbeit nicht ‚ausufert' und Sie in die falsche Richtung recherchieren, die falschen Daten erheben oder gar am Thema vorbei schreiben.

Hier nochmal das wichtigste zum Thema in Kürze:

- Die Entwicklung einer Fragestellung ist ein Prozess, der sich entwickelt, d.h. Sie brauchen Zeit.
- Lesen Sie soziologische Literatur, um ihre Fragestellung zu entwickeln – das ist der beste Garant, dass auch Ihre Fragestellung soziologisch wird.
- Versuchen Sie, die Fragestellung so klar wie möglich einzugrenzen und so präzise wie möglich zu formulieren, denn nur dann kann sie gut bearbeitet werden.

- Suchen Sie lieber nach einer Frage, die Sie im Detail bearbeiten, als nach mehreren Fragen, die Sie nur oberflächlich ‚ankratzen' können.

2. Wo und wie recherchiere ich Literatur?

Schon im ersten Kapitel haben wir darauf hingewiesen, dass Sie eine soziologische Fragestellung für Ihre Seminararbeit am besten in der Auseinandersetzung mit der Literatur zu Ihrem Thema entwickeln. Jede wissenschaftliche Arbeit schließt an das bereits vorhandene Wissen an und baut ggf. darauf auf, um neue Erkenntnisse zu generieren. Insofern ist die Verwendung wissenschaftlicher Quellen zur „Untermauerung der eigenen Argumentation" (Kolle 2012:33) eine Grundfeste und ein wesentliches Qualitätsmerkmal wissenschaftlichen Arbeitens. Die Literaturrecherche kann früh im Arbeitsprozess erfolgen, z.B. wenn man die Literatur nutzt, um eine Fragestellung zu entwickeln (siehe Kapitel 1). Sie erfolgt jedoch spätestens, wenn die Forschungsfrage gefunden ist und inhaltlich bearbeitet wird. Allerdings ist es gar nicht so einfach, die ‚passende' Literatur zu finden, gibt es doch eine Vielzahl von möglichen Quellen und Orten, an denen man suchen könnte: angefangen beim Präsenzbestand an Büchern in der klassischen Universitätsbibliothek über dort vorhandene elektronische Bücher, Zeitschriften und Datenbanken bis hin zum Internet mit seiner schier unüberblickbaren Menge an Informationen. Wichtig ist daher, dass Sie erstens wissen, wo man recherchiert, zweitens, wie man recherchiert und drittens, nach welchen Kriterien man die gefundene Literatur sortiert. Bevor wir auf diese Schritte konkreter eingehen, erklären wir zunächst, welche Arten von Literatur in der Soziologie überhaupt relevant sind.

2.1 Welche Literatursorten gibt es?

Für das wissenschaftliche Arbeiten im Soziologiestudium werden vor allem wissenschaftliche Bücher (Monografien und

Sammelbände) und Artikel in wissenschaftlichen Fachzeitschriften als Quellen verwendet. Außerdem kommt sogenannte graue Literatur zum Einsatz und bei empirischen Arbeiten werden weitere Daten (z.B. Fachstatistiken) genutzt. Im Folgenden erläutern wir Ihnen diese unterschiedlichen Sorten von Literatur[1] und geben Beispiele für eine Recherche zu der in Kapitel 1 entwickelten Fragestellung: „Warum erhalten Jungen im Bildungssystem schlechtere Noten als Mädchen?"

Bei Büchern unterscheidet man zwischen Monografien, Sammelbänden und Lehrbüchern. Eine Monografie ist ein Buch ‚aus einem Guss', das von einem oder mehreren Autorinnen und Autoren gemeinsam verfasst wurde und eine in sich kohärente und konsistente Abhandlung zu einem bestimmten Thema enthält. Beispielsweise werden häufig Dissertationen als Monografien veröffentlicht. Sie erkennen Monografien daran, dass sich die Namen der Autorinnen und Autoren vorne im Buch finden (auf der Titelseite und im Impressum), jedoch nicht über den einzelnen Kapiteln.

Im Gegensatz dazu werden bei einem Sammelband die Kapitel von unterschiedlichen Autorinnen und Autoren verfasst, deren Namen nicht vorne auf dem Buch, sondern über den einzelnen Kapiteln erscheinen. Vorne auf dem Buch sind die Herausgeberinnen und Herausgeber (abgekürzt Hrsg. oder Hg.; im englischen *Editors,* abgekürzt *Ed.* oder *Eds.*) aufgeführt, d.h. die Personen, die für die Zusammenstellung der Beiträge in Form des Sammelbandes verantwortlich sind und die in der Regel eine Einleitung zum Sammelband verfassen. Die einzelnen Beiträge (Kapitel) eines Sammelbandes

---

[1]   Eine ausführlichere Darstellung der unterschiedlichen Literaturformen mit Tipps zur Literaturrecherche finden Sie in den Kapitel 9 bis 14 des Buches *Politikwissenschaftliche Arbeitstechniken* (2010) von Petra Stykow, Christopher Daase, Janet MacKenzie und Nikola Moosauer, allerdings mit einem, wie der Name schon sagt, politikwissenschaftlichen Fokus und entsprechenden Anwendungsbeispielen.

sprechen zwar alle zu einem übergeordneten, gemeinsamen Thema, stammen jedoch von je anderen Verfassern und Verfasserinnen und können sehr unterschiedliche Perspektiven darauf einnehmen. So enthält der in Tabelle 1 aufgeführte Sammelband von Andreas Hadjar (2011) zu den geschlechtsspezifischen Bildungsungleichheiten Beiträge über verschiedene Länder mit unterschiedlichen Erklärungsansätzen.

Lehrbücher sind eine besondere Form der Monografie oder des Sammelbandes. Sie werden von einer oder mehreren Personen verfasst bzw. herausgegeben und dienen vor allem Lehrzwecken. Zielgruppe von Lehrbüchern sind Schülerinnen und Schüler sowie Studierende, weswegen ein Lehrbuch meist keine eigenen Forschungsarbeiten der Autorinnen und Autoren enthält, sondern den Stand der Forschung zu einem bestimmten Thema überblicksartig und in didaktischer Form aufbereitet. So beschäftigt sich das in Tabelle 1 aufgeführte Lehrbuch von Rainer Geisler (2014) generell mit der Sozialstruktur Deutschlands und enthält auch ein Kapitel über *Die Entwicklung der sozialen Ungleichheiten zwischen Frauen und Männern.*

Zeitschriften gehören zu der Gruppe der Periodika, das sind regelmäßig erscheinende Literaturformen. Artikel bzw. Aufsätze in wissenschaftlichen Fachzeitschriften sind (neben wissenschaftlichen Büchern) die zweite zentrale Quelle für das wissenschaftliche Arbeiten in der Soziologie. Wissenschaftliche Fachzeitschriften erscheinen mindestens einmal im Jahr, meist jedoch vierteljährlich oder monatlich. Zu den bekanntesten deutschsprachigen soziologischen Fachzeitschriften zählen die *Zeitschrift für Soziologie*, die *Kölner Zeitschrift für Soziologie und Sozialpsychologie*, das *Berliner Journal für Soziologie* und die *Soziale Welt.*[2] Artikel in wissenschaftlichen

---

[2] Weitere soziologische Fachzeitschriften sind z.B. *Sozialer Sinn, Zeitschrift für Diskursforschung, Zeitschrift für Familienforschung, Zeitschrift für Qualitative Forschung*; zu den wichtigsten englischsprachigen Zeitschriften zählen das *American Journal of Sociology, American Sociological Review, British Jour-*

Fachzeitschriften sind kurze Texte (meist zwischen zehn und 20 Seiten), die aktuelle Forschungsergebnisse der Autorinnen und Autoren dokumentieren. So erschien beispielsweise 2012 ein Artikel von Joscha Legewie und Thomas DiPrete (Legewie & Diprete 2012), der die Bedeutung des Schulkontextes für Geschlechterungleichheiten im Bildungssystem beleuchtet (siehe Tabelle 1).

Dagegen enthalten Überblicksartikel (englisch *Review*) meist keine eigene Forschung der Autorinnen und Autoren, sondern stellen den aktuellen Stand der Forschung zu einem Thema dar. Es gibt in der Soziologie eine Reihe von fachwissenschaftlichen Zeitschriften, die vor allem solche Überblicksartikel drucken. Da diese vor allem im englischen Sprachraum verbreitet sind, enden ihre Titel häufig mit „Review", also mit „Literaturüberblick". Zu den bekanntesten zählen der *American Sociological Review*, der *Annual Review of Sociology* oder der *Socioeconomic Review*. Überblicksartikel lassen sich jedoch auch in jeder anderen Fachzeitschriften finden, dann jedoch nicht mit so großer Regelmäßigkeit. Zu unserem Thema „Warum erhalten Jungen schlechtere Noten im Bildungssystem als Mädchen" erschien beispielsweise 2011 ein Beitrag von Bettina Hannover und Ursula Kessels (Hannover & Kessels 2011) als Überblick über mögliche Erklärungen für den geringeren Erfolg von Jungen im Bildungssystem in der *Zeitschrift für pädagogische Psychologie*.[3] Um einen Überblick über den

---

nal of Sociology, *European Sociological Review*, und viele mehr bereichsspezifische Zeitschriften, wie z.B. *Gender and Society* oder *Sociology of Education*. Darüber hinaus erscheinen soziologische Arbeiten auch in inter- oder multidisziplinären Zeitschriften, wie z.B. *Forum Qualitative Sozialforschung (FQS)* oder das *Journal of Labour Market Research* (ehemals Zeitschrift für ArbeitsmarktForschung).

[3]   An diesem Beispiel sehen Sie, wie hilfreich es sein kann, über den disziplinären Tellerrand der Soziologie hinauszuschauen. Allerdings ist zu beachten, dass die in diesem Review aufgeführten Erklärungsansätze vor allem psychologische Perspektiven einnehmen, die sich von soziologischen Perspektiven

Forschungsstand zu einem Thema zu bekommen, können übrigens auch entsprechende Kapitel in Handbüchern (z.B. Leuze & Solga in Mau & Schöneck 2012) oder die Einleitungskapitel zu Sammelbänden oder der Literaturüberblick in Dissertationen herangezogen werden, wo der aktuelle Stand der Forschung dargestellt wird.

Neben wissenschaftlichen Artikeln und Reviews erscheinen auch Editorials und Rezensionen in wissenschaftlichen Fachzeitschriften. Diese unterliegen jecoch keiner so umfassenden Qualitätskontrolle wie die beiden anderen Formate. Beim Editorial handelt es sich um das Vorwort oder die Einleitung (des Herausgebers oder *Editors*) zu einer Ausgabe einer wissenschaftlichen Fachzeitschrift, die sich thematisch mit einem spezifischen Thema beschäftigt. Meist sind im Editorial kurz der Stand der Forschung zu diesem Thema sowie die Inhalte der einzelnen Beiträge dargestellt. Im Gegensatz zum Review hat das Editorial aber einen stärker einleitenden Charakter, ist also weniger umfassend. Rezensionen in wissenschaftlichen Fachzeitschriften sind Buchbesprechungen, die diese sowohl inhaltlich darstellen als auch kritisch diskutieren. So hat Marcel Helbig 2011 den Sammelband von Andreas Hadjar (2011) zu Bildung und Geschlecht in der *Kölner Zeitschrift für Soziologie und Sozialpsychologie* besprochen. Beide Formate bieten einen guten Einstieg in das Thema.

Neben Büchern und Zeitschriften gibt es Literatur, die als *graue Literatur* bezeichnet wird. Graue Literatur ist in der Regel nicht über den Buchhandel erhältlich, sondern wird im Eigenverlag veröffentlicht und ist daher meist nur eingeschränkt (bzw. heutzutage vor allem über das Internet) zugänglich. Ein Beispiel für graue Literatur sind Forschungsberichte, die sowohl

---

unterscheiden (siehe Kapitel 1.1). Im Zweifelsfall sollten Sie im Soziologiestudium der Recherche in soziologischen Fachzeitschriften den Vorrang geben vor Fachzeitschriften anderer Disziplinen (es sei denn der inter- oder transdisziplinäre Blick auf ein Thema steht im Mittelpunkt des Interesses).

von wissenschaftlichen Forschungseinrichtungen, wie Universitäten oder außeruniversitären Forschungsinstituten, als auch von Ministerien, Stiftungen, internationalen Organisationen, Unternehmen oder sonstigen Organisationen verfasst und veröffentlicht werden (zum Beispiel der Forschungsbericht von Nancy Cole (1997) in Tabelle 1). Handelt es sich um Forschungsberichte, die von einer Einrichtung in einer einheitlichen Reihe veröffentlicht werden, werden sie häufig als Arbeitspapier (*Working Paper*) oder Diskussionspapier (*Discussion Paper*) bezeichnet (z.B. die *Discussion Paper*-Reihe des Wissenschaftszentrum Berlin für Sozialforschung, WZB, oder die *Working Paper*-Reihe des Rats für Sozial und Wirtschaftsdaten, RatSWD).

Ebenfalls nützlich für das Erstellen einer wissenschaftlichen Arbeit, vor allem, wenn sie auch empirische Aspekte beleuchtet, sind amtliche Statistiken, die aggregierte empirische Daten zu den unterschiedlichsten soziologischen Untersuchungsgegenständen enthalten können. Mit Blick auf Fachstatistiken bietet für Deutschland zum Beispiel das Statistikportal des Statistischen Bundesamtes[4] Zahlenmaterial und kurze Berichte zu einer Vielzahl von sozialwissenschaftlichen Themen. Für die Staaten der Europäischen Union werden durch Eurostat,[5] dem Statistikportal der Europäischen Kommission, ebenfalls umfangreiche Statistiken und Berichte zur Verfügung gestellt, während OECD Statistics[6] solche Zahlen für die Mitgliedsstaaten der Organisation für wirtschaftliche Zusammenarbeit und Entwicklung (OECD) aufbereitet. Die Daten dieser Statistikportale können meist kostenlos heruntergeladen werden, und zwar oft nicht nur für das aktuelle Jahr, sondern für längere Zeitreihen (beim Statistischen Bundesamt manchmal sogar bis in die 1950er Jahre). Allerdings kann der Anblick und die Auswahl statistischer

---

[4]   https://www.destatis.de/DE/Startseite.html (Zugriff: 31.03.2015)

[5]   http://epp.eurostat.ec.europa.eu/portal/page/portal/eurostat/home/ (Zugriff: 31.03.2015)

[6]   http://stats.oecd.org/ (Zugriff: 31.03.2015)

Rohdaten in diesen Datenbanken für den Suchenden ohne methodologisches Fachwissen ziemlich entmutigend sein. Daher empfiehlt es sich, als Einstieg die aufbereiteten Datenberichte dieser Statistikportale zu nutzen, z.B. den *Datenreport* des Statistischen Bundesamtes[7] oder die Reihe *Bildung auf einen Blick* der OECD[8]. Weitere hilfreiche Tipps zum Navigieren auf Statistikportalen finden Sie auch bei Watteler (20´2).

Daneben gibt es eine Vielzahl von weiteren Internetquellen, die Sie bei Ihrer Literaturrecherche berücksichtigen können. So sind elektronische Artikel aus wissenschaftlichen Fachzeitschriften und wissenschaftliche E-Books meist die Online-Version von ebenfalls in Papierform vorliegenden Zeitschriften und Büchern. Aus urheberrechtlichen Gründen ist es häufig allerdings nicht möglich, dass Sie die gesamte Zeitschrift oder das ganze Buch herunterladen und speichern können (Stykow et al. 2010:213). E-Zeitschriften und E-Books haben einige Vorteile, da sie jederzeit verfügbar sind (nicht zu verwechseln mit ‚frei verfügbar‘, d.h. *Open Access*, siehe unten), von vielen Studierenden gleichzeitig genutzt und mit umfangreichen Suchmöglichkeiten erschlossen werden können. Da sie außerdem mit der Druckversion der Zeitschrift und des Buches übereinstimmen und damit auch die Originalseitenzahlen enthalten, können und müssen sie in gleicher Form wie die auf Papier gedruckten ‚Originale‘ zitiert werden.

Daneben gibt es im Internet Web-Enzyklopädien (z.B. Wikipedia) oder *Social Scholarship*, d.h. die Vernetzung von traditionellen Literaturformen mit interaktiven, webbasierten Publikations- und Kommunikationsformen, wie z.B. *Weblogs, RSS-Feeds, Wikis, Social Networking* oder *Social Bookmarking* (Stykow et al. 2010:243). Bei diesen Formen von *Social*

---

[7]   https://www.destatis.de/DE/Publikationen/Datenreport/Datenreport.html (Zugriff: 31.03.2015)

[8]   http://www.oecd.org/berlin/publikationen/bildung-auf-einen-blick.htm (Zugriff: 31.03.2015)

Scholarship stellen sich allerdings Fragen der wissenschaftlichen Qualität, auf die wir im nächsten Abschnitt eingehen.

Die folgende Tabelle gibt einen Überblick über wichtigsten Arten von Literatur, die in der Soziologie zum Einsatz kommen, sowie die erwähnten Beispiele für die Fragestellung, die wir in Kapitel 1 entwickelt haben.

Tabelle 1: Arten von Literatur und Beispiele

Art der Literatur	Unterformen	Beispiele zum Thema „Bildung und Geschlecht"
Wissenschaftliche Bücher	Wissenschaftliche Monografien	DiPrete, Thomas; Buchmann, Claudia (2013): *The Rise of Women: The Female Advantage in Education and What it Means for American Schooling*. New York: Russell Sage Foundation Press.
	Wissenschaftliche Sammelwerke	Hadjar, Andreas (Hg.) (2011): *Geschlechtsspezifische Bildungsungleichheiten*. Wiesbaden: VS Verlag für Sozialwissenschaften.
	Soziologische Lehrbücher	Geißler, Rainer (2014): *Die Sozialstruktur Deutschlands*. 7., grundlegend überarbeitete Auflage. Wiesbaden: Springer VS.
Periodika und wissenschaftliche Fachzeitschriften	Zeitschriftenartikel	Legewie, Joscha; DiPrete, Thomas A. (2012): School Context and the Gender Gap in Educational Achievement. *American Sociological Review* 77(3), S.463-485.
	Überblicks-(Review-)artikel	Hannover, Bettina; Kessels, Ursula (2011): Sind Jungen die neuen Bildungsverlierer? Empirische Evidenz für Geschlechterdisparitäten zuungunsten von Jungen und Erklärungsansätze. *Zeitschrift für Pädagogische Psychologie* 25(2), S.89-103.

	Editorial/ Einleitung	Hadjar, Andreas (2011): Einleitung. In: Hadjar, Andreas (Hg.) *Geschlechtsspezifsche Bildungsungleichheiten*. Wiesbaden: VS Verlag für Sozialwissenschaften, S.7-20.
	Rezensionen/ Buchbesprechungen	Helbig, Marcel (2011): Rezension von Hadjar, Andreas (Hg.) Geschlechtsspezifische Bildungsungleichheiten, *Kölner Zeitschrift für Soziologie und Sozialpsychologie* 63, S.697-700.
Graue Literatur	Forschungsberichte	Cole, Nancy S. (1997): The ETS Gender Study: How Females and Males Perform in Educational Settings. *Research Report des Educational Testing Service*, Princeton, NJ.
	Arbeitspapiere (Discussion Papers)	Neugebauer, Martin; Helbig, Marcel; Landmann, Andreas (2010): Can the Teacher's Gender Explain the ‚Boy Crisis' in Educational Attainment? *MZES Arbeitspapiere* 133. Mannheim: Mannheimer Zentrum für Europäische Sozialforschung.
	Verschriftlichte Konferenzbeiträge	Sammelband ausgewählter Beiträge, die auf dem Kongress der Deutschen Gesellschaft für Soziologie vorgestellt wurden
Fachstatistiken	Tabellen und Grafiken	vbw – Vereinigung der Bayerischen Wirtschaft e.V. (Hg.) (2009): Geschlechterdifferenzen im Bildungssystem. Jahresgutachten 2009. Wiesbaden: VS Verlag für Sozialwissenschaften.
Internetquellen	Websites	Datenportal des Bundesministeriums für Bildung und Forschung (BMBF): http://www.datenportal.bmbf.de/portal/de/B25.html
	Weblogs	Blog der Deutschen Gesellschaft für Soziologie http://soziologie.de/blog/

2.2 Welche Literatursorten sind zitierbar?

Können Sie diese unterschiedlichen Literatursorten alle gleichermaßen für Ihre Arbeit verwenden? Oder anders gefragt, wie beurteilen Sie die wissenschaftliche Qualität der unterschiedlichen Literaturquellen, um zu entscheiden, ob sie für Ihre wissenschaftliche Arbeit angemessen sind? Im Folgenden geben wir Ihnen einige Hinweise, wie Sie die „Zitierwürdigkeit" (Ebster & Stalzer 2003:70) der unterschiedlichen Literatursorten bewerten können. Dabei handelt es sich nur um sehr grobe Hinweise. Jede Literatur, die Sie verwenden möchten, müssen Sie im Einzelfall selbst kritisch auf wissenschaftliche Qualität und Relevanz prüfen (siehe Kapitel 3), denn auch wissenschaftliche Literatur von renommierten Wissenschaftlerinnen oder Wissenschaftlern in angesehenen Verlagen oder Fachzeitschriften ist nicht immer uneingeschränkt zitierwürdig.

Nicht alle wissenschaftlichen Bücher haben den gleichen wissenschaftlichen Standard. Wissenschaftliche Originalarbeiten (Monografien, z.B. Dissertationen oder Habilitationen) und Sammelbände sind meist zitierbar, insbesondere wenn sie in anerkannten sozialwissenschaftlichen Buchverlagen erschienen sind (z.B. Campus, Springer VS (ehemals VS Verlag für Sozialwissenschaften), transcript und andere). Die Zitierfähigkeit wissenschaftlicher Lehrbücher bedarf der weiteren Prüfung. Bei manchen Lehrbüchern handelt es sich um qualitativ hochwertige Literatur, die den Stand der Forschung zu einem bestimmten Thema aufbereitet und leicht verständlich darstellt. Es gibt jedoch auch Lehrbücher, die sehr breit in die Grundlagen des Faches einführen und daher nur oberflächlich eine spezifische Thematik behandeln können. Deshalb liefern sie zwar erste Informationen zum Thema, sind aber meist zu unspezifisch, um eine vertiefende Auseinandersetzung zu ermöglichen. So enthält das in Tabelle 1 aufgeführte Lehrbuch von Rainer Geisler (Geisler 2014) ein Kapitel über *Die Entwick-*

lung der sozialen Ungleichheiten zwischen Frauen und Männern, in dem auf vier Seiten auch Bildungsungleichheiten nach Geschlecht dargestellt werden. Die Kürze dieses Abschnitts verdeutlicht, dass diese Seiten als Einführung dienen können, nicht jedoch als vertiefende Auseinandersetzung mit dem Thema. Daher ist, wie oben bereits angesprochen, jede wissenschaftliche Literatur kritisch zu lesen – auch längere Ausführungen können durchaus an Qualität zu wünschen übrig lassen, und kürzere Abhandlungen können einen bestimmten Sachverhalt sehr prägnant auf den Punkt bringen.

In den meisten Fällen nicht zitierwürdig sind nicht-wissenschaftliche Bücher. Diese Bücher sind für ein allgemeines, nicht-wissenschaftliches Publikum geschrieben und entsprechen daher auch nicht wissenschaftlichen Ansprüchen und Qualitätsstandards, z.B. was die Verortung in der wissenschaftlichen Literatur, die Nachvollziehbarkeit der verwendeten Methoden oder die Dokumentation der verwendeten Quellen anbelangt. Abschlussarbeiten (BA- und MA-Arbeiten) sowie Seminar- und Hausarbeiten sind zwar zitierfähig, aber nicht immer in gleichem Maße zitierwürdig wie die Arbeiten von professionellen, fertig ausgebildeten Wissenschaftlerinnen und Wissenschaftlern, denn hier handelt es sich um Qualifikationsarbeiten von Studierenden, die sehr unterschiedlich gute Noten erhalten haben können (Ebster & Stalzer 2003:71).[9]

---

[9]   Bei Seminar- und Hausarbeiten ist davon auszugehen, dass sie den wissenschaftlichen Gütekriterien (noch) nicht entsprechen. Daher raten wir Ihnen davon ab, über *Hausarbeiten.de* (oder Verlage wie Diplomica, Grin-Verlag u.a.) thematisch ähnliche Arbeiten zu erwerben und diese als Quelle zu nutzen. Es ist jedoch möglich, dass Sie sich selbst zitieren, wenn Sie beispielsweise bei einer zweisemestrigen Veranstaltung bei der gleichen Dozentin auf Ihre Seminararbeit des vorangegangenen Semesters verweisen. Abschlussarbeiten sollen zwar nach wissenschaftlichen Qualitätsmaßstäben geschrieben werden, es ist jedoch unklar, inwieweit sie diese auch erreicht haben. An manchen Universitäten werden jedoch besonders gute Abschlussarbeiten online publiziert, was ihre Qualität und damit Zitierwürdigkeit dokumentiert.

Während der Vorteil von wissenschaftlichen Büchern ist, dass sie ein Thema breit, umfassend und vertiefend behandeln (können), wird die Qualität von wissenschaftlichen Zeitschriftenartikeln auch sehr hoch eingeschätzt. Grund ist, dass Artikel in referierten Fachzeitschriften vor der Veröffentlichung von wissenschaftlichen Expertinnen und Experten zum Thema begutachtet und zum Teil mehrfach überarbeitet werden (im Englischen spricht man von *peer review*). Durch dieses Begutachtungsverfahren soll sowohl die Qualität des einzelnen Artikels als auch die der ganzen Zeitschrift gewährleistet werden. Häufig wird Artikeln aus Zeitschriften, die im *Social Science Citation Index* (SSCI) gelistet sind, besonders hohe wissenschaftliche Qualität zugeschrieben, da dort die am häufigsten zitierten Fachzeitschriften der Sozialwissenschaften aufgeführt werden (Zeitschriften mit einem sog. hohen *Impact Factor*, vgl. auch Kolle 2012:42). Dazu werden vom kommerziellen Anbieter Thomson Reuters 1.400 vorwiegend englischsprachige sozialwissenschaftliche Fachzeitschriften komplett sowie 3.200 Zeitschriften selektiv ausgewertet (Ebster & Stalzer 2003:53). Auf den ersten drei Plätzen befanden sich zum Zeitpunkt der Fertigstellung dieses Buchs der *American Sociological Review*, das *American Journal of Sociology* und der *Annual Review of Sociology.* Die bestplatzierte deutschsprachige Zeitschrift, die *Kölner Zeitschrift für Soziologie und Sozialpsychologie,* ist auf Platz 69 von 137 soziologischen Zeitschriften gelistet. Allerdings muss hier berücksichtigt werden, dass die englischsprachigen Zeitschriften viel mehr Leser und Leserinnen haben. Zudem ist die Aussagekraft des *Impact Factors* durchaus umstritten.[10] Neben der Zitierhäufigkeit sind auch weitere Kriterien zentral für die wissenschaftliche Qualität von Literatur. Aus diesen Gründen ist eine

---

[10]   Eine informative und kritische Besprechung des Impact Factors findet sich beispielsweise in einem Blogeintrag von Peter Baumgartner: http://peter. baumgartner.name/2013/06/28/kritik-am-jif/ (Zugriff: 17.10.2014).

einseitige Fokussierung auf den *SSCI Impact Factor* nicht angemessen.

Nicht oder kaum geeignet für das wissenschaftliche Arbeiten sind nicht-wissenschaftliche Magazine und Zeitungen, selbst wenn es sich um qualitativ hochwertige Tages- oder Wochen-Printmedien handelt, wie z.B. die *Süddeutsche Zeitung*, *Der Spiegel* oder *Die Zeit*. Es gibt jedoch einige Ausnahmen, wann diese Medien doch genutzt werden können, z.B. als ‚Aufhänger' für das Thema in der Einleitung, zur Gegenüberstellung von Wissenschaft und Praxis oder als Primärdaten für eine empirische Arbeit, z.B. einer Diskurs- oder Medienanalyse. In begründeten Ausnahmefällen, z.B. wenn zum Thema noch keine wissenschaftliche Literatur verfügbar ist, können Sie auch Beiträge der Qualitätspresse sowie weitere Literatur als Quellen für Ihre Arbeit nutzen. Auf keinen Fall zitierwürdig sind dagegen Artikel aus der Boulevardpresse oder aus Publikumszeitschriften.

Die wissenschaftliche Qualität von grauer Literatur ist sehr unterschiedlich und muss im Einzelfall geprüft werden. Forschungsberichte von wissenschaftlichen Forschungseinrichtungen können inhaltlich eine ähnlich hohe wissenschaftliche Qualität wie Artikel in Fachzeitschriften oder Kapitel in Sammelbänden haben. Häufig nutzen Wissenschaftlerinnen und Wissenschaftler diesen Weg der Veröffentlichung, bevor der Beitrag in einer Fachzeitschrift eingereicht wird, um die Ergebnisse (möglichst zeitnah in schriftlicher Form) zur Diskussion zu stellen. So erschien ein Artikel von Neugebauer und Kollegen 2011 im *European Sociological Review* (Neugebauer, Helbig & Landmann 2011) und davor 2010 als *Discussion Paper* (Neugebauer, Helbig & Landmann 2010) in der Arbeitspapierreihe des Mannheimer Zentrums für Europäische Sozialforschung.

Auch die wissenschaftliche Qualität von Internetquellen, wie die Inhalte von bestimmten Webseiten oder Blogs, muss von Fall zu Fall geprüft werden. Wenn Internetquellen Referenzen, Literatur- und Quellenverweise enthalten, die wissenschaftlichen Standards entsprechen, können sie ggf. genutzt werden (Kolle 2012). Grundsätzlich zitierwürdig sind elektronische Artikel aus wissenschaftlichen Fachzeitschriften und wissenschaftliche E-Books, die Sie im Internet erhalten. Diese können Sie durch den meist kostenpflichtigen Zugang über Fachdatenbanken erhalten. Es gibt jedoch auch einige wissenschaftliche Fachzeitschriften, die unentgeltlich im *open access* zur Verfügung gestellt werden (siehe Punkt 2.3). Eingeschränkt zitierwürdig sind auch die Inhalte ausgewählter Weblogs. Sehr empfehlenswert sind beispielsweise die Diskussionen auf dem Blog der Deutschen Gesellschaft für Soziologie (http://soziologie.de/blog/), die auch zu einem bestimmten Thema zitiert werden können. Sie können die Inhalte von Internetseiten oder Blogs jedoch auch als Datenbasis für eine wissenschaftliche Arbeit auswerten. Schließlich ist es möglich, Internetinformationen auch als Hintergrundinformationen von empirischen Analysen (z.B. Informationen aus dem Internetauftritt eines Unternehmens bei Organisationsfallstudien) zu nutzen. Generell sollten Sie die wissenschaftliche Qualität der Inhalte von *Social Scholarship* und Weblogs sehr kritisch prüfen, bevor Sie sie als Quelle in Ihrer Arbeit verwenden.

Zur Einschätzung der wissenschaftlichen Qualität von unterschiedlichen Literatursorten kann auch die Unterscheidung von Primär- und Sekundärliteratur herangezogen werden. Bei Primärliteratur handelt es sich um die Erstveröffentlichung wissenschaftlicher Forschungsergebnisse der Autorin oder des Autors. Dort findet man die Gedanken, Theorien und empirischen Ergebnisse des Verfassers unverfälscht und in ihrer ursprünglichen Version (Kolle 2012:32). Ein Beispiel für eine Primärliteratur ist die Monografie von Pierre Boudieu (2005) ‚Die männliche Herrschaft'. Sekundärliteratur ist dagegen Literatur über Primärliteratur. Sie bespricht die Primärliteratur, führt ein und gibt einen Überblick über den Inhalt einer oder mehrerer Originalarbeiten, indem sie diese zusammenfasst, neu gliedert und systematisiert. Beispiele für Sekundärliteratur sind Überblicksartikel (englisch *Reviews*) in Fachzeitschriften oder Büchern oder Fachbücher (Monografien) über ein spezielles Thema bzw. das Werk eines bestimmten Autors (z.B. *Die männliche Herrschaft. Ein somatisiertes Herrschaftsverhältnis* von Beate Krais (2011) oder *Pierre Bourdieu: Eine Einführung* von Werner Fuchs-Heinritz und Alexandra König (2011)). Sekundärliteratur ist nicht das Original, sondern eine Deutung. Das sollten Sie beim Lesen und kritischen Reflektieren der Literatur im Hinterkopf haben.

Dazu merkt Eco (2010) an:

> „Die Unterscheidung zwischen Primär- und Sekundärliteratur muß man immer gegenwärtig haben, weil in der Sekundärliteratur oft Teile der Quellen enthalten sind, die aber (...) *Quellen aus zweiter Hand* sind." (Eco 2010: 64, Hervorhebung im Original)

Wenn Sie in Ihrer Arbeit also das Werk einer bestimmten Autorin oder eines Autors nutzen möchten, ist es sinnvoll, diese im Original bzw. als Primärliteratur zu lesen, da sich die Darstellung in der Sekundärliteratur nicht unbedingt mit Ihrer Interpretation decken muss.

2.3 Wo und wie finde ich Literatur?

Die unterschiedlichen Literatursorten lassen sich auf unterschiedlichen Wegen und an verschiedenen Orten finden. Um gezielt eine Literaturrecherche durchführen zu können, hilft es, zu wissen, wo man welche Literatur findet. Wenn Sie mit Ihrer Literaturrecherche beginnen, haben Sie oft eine erste Vorstellung vom Thema, das Sie bearbeiten möchten, jedoch selten genug inhaltliches Wissen, um genau zu wissen, wonach Sie suchen. Vielmehr werden Sie zunächst einmal eher breit nach thematisch passender Literatur suchen, diese zumindest überblicksartig durchsehen, um deren Relevanz für Ihr Thema zu prüfen, einzelne Beiträge auch detailliert lesen und dann weiter nach Literatur recherchieren. Die Literaturrecherche ist somit nicht ein Schritt im wissenschaftlichen Arbeitsprozess, der zu einem bestimmten Zeitpunkt stattfindet und dann abgeschlossen ist. Vielmehr findet er immer wieder statt, die Recherche ist also ein Prozess, der zunehmend spezifisch wird in der Entwicklung und Verfolgung Ihrer Fragestellung.

Nehmen wir also an, Sie wollen eine Literaturrecherche zum Thema ‚Bildungsungleichheiten nach Geschlecht in Deutschland' für eine Seminararbeit durchführen. Wo würden Sie beginnen? Im Folgenden stellen wir mögliche Einstiegspunkte in die Literaturrecherche vor und gehen dann auf konkrete Suchstrategien in Datenbanken ein. In dem Zusammenhang erfahren Sie auch, wie Sie mit möglichen Problemen umgehen können.

2.3.1 Wie beginne ich?

Der einfachste Einstieg in die Literaturrecherche sind vermutlich die Literaturhinweise des Betreuers oder der Betreuerin, bei dem oder der die Arbeit geschrieben wird. Hier können Sie zum einen die Literaturangaben des Seminarprogramms, in dem Sie die Arbeit schreiben, konsultieren. Sie können aber auch direkt in der Sprechstunde fragen, ob es Vorschläge für geeignete Literatur zum Thema gibt. Neben diesen Tipps der Dozierenden gibt es weitere Möglichkeiten, den Einstieg in die Literaturrecherche zu finden, wie die folgende Abbildung 3 verdeutlicht.

Abbildung 3: Wie beginne ich eine Literaturrecherche?

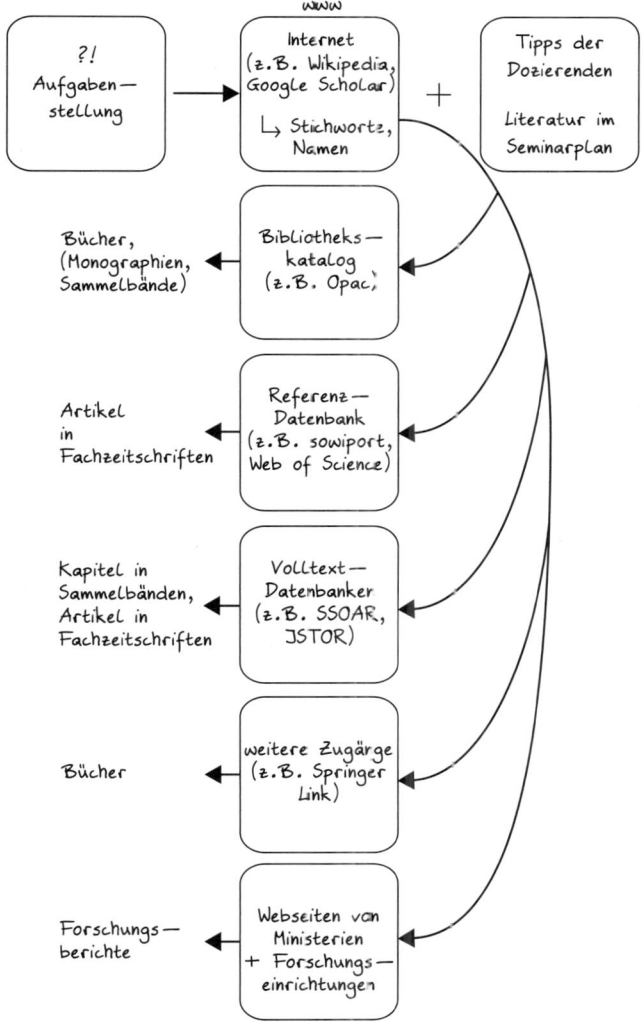

Viele Studierende beginnen ihre erste Suche im Internet, z.B. bei *Wikipedia*,[11] um sich mit einem Thema vertraut zu machen. Im Studium werden Sie allerdings häufig hören, dass Sie *Wikipedia* nicht als Quelle nutzen sollten, da diese Enzyklopädie keiner wissenschaftlichen Qualitätskontrolle unterliegt.[12] Wir plädieren jedoch eher für einen differenzierten Umgang mit *Wikipedia* und stimmen Stöcklin (2009) zu, dass dessen Inhalte für bestimmte Zwecke sehr wohl genutzt werden können. So kann *Wikipedia* gut als Einstieg in akademische Rechercheprozesse genutzt werden, denn viele Wikipedia-Einträge geben nicht nur einen Überblick über das Thema, sondern bieten auch weiterführende Literaturhinweise und Weblinks, die ein guter Startpunkt für die weitere Literaturrecherche sein können. In diesem Fall eignen sich nicht die Inhalte von *Wikipedia* zur Zitation in Ihrer Arbeit, sondern zur Identifikation weiterführender Quellen. Zudem ist es möglich, *Wikipedia* als Übersetzungsdienst für soziologische Fachbegriffe zu nutzen, denn die mehr als 250 Sprachversionen erlauben mit einem Klick, von der deutschen auf die englische Sprachseite zu gelangen. Die so gefundenen Übersetzungen können für eine weiterführende Suche in einer soziologischen Fachdatenbank (siehe unten) verwendet werden (Stöcklin 2009:33).[13]

Viele von Ihnen werden auch *Google Scholar* nutzen, um einen ersten Überblick über die Literatur zu Ihrem Thema zu

---

[11]   Für die deutsche Version siehe http://de.wikipedia.org/ (Zugriff: 31.03.2015). Die Online-Enzyklopädie Wikipedia wurde 2001 gegründet und hat sich seitdem zum bedeutendsten Nachschlagewerk weltweit entwickelt. Sie ist Teil der amerikanischen Wikimedia Foundation, einer gemeinnützigen Stiftung ohne kommerzielle Interessen, und wird aus Spenden finanziert (Stöcklin 2009:32).

[12]   Auch die meisten Einführungsbücher in das wissenschaftliche Arbeiten raten davon ab, Wikipedia als Quelle für das wissenschaftliche Arbeiten zu nutzen (siehe beispielsweise Kolle 2012:39).

[13]   Sehr empfehlenswert zum Weiterlesen ist diesbezüglich der Artikel von Stöcklin (2009), der praktische Tipps für die Qualitätsbewertung von Wikipedia-Einträgen gibt.

bekommen. *Google Scholar* ist eine Suchmaschine des Unternehmens Google Inc. und listet eine Vielzah an unterschiedlichen wissenschaftlichen Literaturarten auf, von Büchern über Zeitschriftenartikel und Buchkapitel bis hin zu grauer Literatur. Sogar im Internet veröffentlichte Seminararbeiten können dort gefunden werden. Eine Recherche via *Google Scholar* ist sinnvoll, wenn Sie sich einen allgemeinen Überblick zu einem noch völlig unbekannten Thema verschaffen möchten. Allerdings basiert die Auswahl der gefundenen Treffer im Gegensatz zu anderen Fachdatenbanken nicht auf wissenschaftlichen Kriterien, sondern rein auf einer von Google durchgeführten Zitationsanalyse, deren Qualitätsstandards nicht immer nachvollziehbar sind. Zudem ist eine effektive Informationsrecherche kaum möglich, da die Menge der angezeigten Treffer in der Regel viel zu groß ist, um sinnvoll bearbeitet werden zu können (siehe Punkt 2.3.2). Wenn die Literatur ohne zusätzliche Kosten im Internet erhältlich ist, kann sie direkt heruntergeladen werden. Dies trifft jedoch vor allem auf graue Literatur zu, weniger auf Bücher, Buchkapitel oder Zeitschriftenartikel, bei denen meist Gebühren für die Nutzung anfallen. Insofern erhalten Sie über *Google Scholar* Texte zum Download, die oft weniger qualitätsgesichert sind, als es bei anderen wissenschaftlichen Datenbanken der Fall ist. Alles in allem eignet sich *Google Scholar* gut für den Einstieg in die Literaturrecherche, sollte jedoch in jedem Fall durch die Suche in wissenschaftlichen Fachdatenbanken ergänzt werden.

Vielleicht haben Sie in einer Einführungsveranstaltung zum wissenschaftlichen Arbeiten in Ihrem Studium auch die Suche im Katalog der Universitätsbibliothek kennen gelernt.[14] Dort

---

[14]   Die Verzeichnung von Artikeln in den Online-Katalogen der wissenschaftlichen Bibliotheken ist im Umbruch. Vielerorts (so auch in München) wird derzeit [Oktober 2014] ein sog. *Discovery Service* getestet, der es zukünftig eventuell auch ermöglicht, Artikel über Online-Kataloge der Universitätsbibliotheken zu suchen.

können Sie nach Autorinnen und Autoren, Titeln und Erscheinungsorten bzw. Erscheinungsdatum recherchieren, nicht jedoch nach kurzen inhaltlichen Zusammenfassungen der Literatur. Obwohl auch diese Kataloge sinnvolle Einstiege in die Literaturrecherche sein können, ist den Studierenden oft nicht bewusst, dass sie in diesen Katalogen meist nur eine kleine Auswahl der in der Universitätsbibliothek zu ihrem Thema vorhandenen Literatur finden werden. Dies liegt daran, dass im allgemeinen Katalog der Universitätsbibliothek ausschließlich Bücher und vor Ort verfügbare graue Literatur (z.B. nicht im Buchhandel veröffentlichte Dissertationen) registriert sind, und auch nur diese können über eine Recherche gefunden werden. Dies bedeutet jedoch auch, dass Sie dort (zumindest nach aktuellem Stand, siehe Fußnote 14) weder Artikel in wissenschaftlichen Fachzeitschriften noch die einzelnen Beiträge von Sammelbänden finden werden! Beide Literaturarten sind über die Universitätsbibliothek zugänglich, aber auf einem anderen Weg: Sie sind nicht über deren allgemeinen Katalog, sondern nur über Fachdatenbanken auffindbar (siehe 2.3.2).

Wahrscheinlich ist Ihre Universitätsbibliothek Mitglied in einem Zusammenschluss verschiedener Bibliotheken einer Region, einem sogenannten Bibliotheksverbund, weswegen Sie dort zusätzlich auch im gemeinsamen Verbundkatalog recherchieren können.[15] Eine Suche im Verbundkatalog bietet sich an, wenn beispielsweise ein Buch in Ihrer Bibliothek nicht verfügbar ist. Im Verbundkatalog können Sie prüfen, ob das Buch ggf. im Bestand einer anderen Bibliothek in Ihrer Nähe

---

[15] In Deutschland existieren sieben regionale Bibliotheksverbünde: Bibliotheksverbund Bayern (BVB), Hochschulbibliothekszentrum des Landes Nordrhein-Westfalen (HBZ), Hessisches Bibliotheksinformationssystem (HeBIS), Gemeinsamer Bibliotheksverbund (GBV), Südwestdeutscher Bibliotheksverbund (SWB), Kooperativer Bibliotheksverbund Berlin-Brandenburg (KOBV) (Kolle 2012:45).

vorhanden ist (z.B. in München an der Ludwigs-Maximilians-Universität, an der Technischen Universität München oder der Bayerischen Staatsbibliothek). Neben deutschsprachigen Bibliothekskatalogen können Sie auch die Kataloge ausländischer Universitätsbibliotheken durchsuchen, beispielsweise über den Karlsruher Virtuellen Katalog,[16] der Ihnen Zugang zu den Katalogen des deutschen Bibliotheksverbundes sowie zu zahlreichen ausländischen Bibliotheken bietet.

Besonders einfach ist es für Sie, wenn Sie bei Ihrer Einstiegsrecherche einen relativ aktuellen Übersichtsartikel zu Ihrer Fragestellung in einer wissenschaftlichen Fachzeitschrift oder in einem Buch finden. Wie bereits unter Punkt 2.1 ausgeführt, stellen Überblicksartikel den Stand der Forschung zu einem Thema sehr breit und übersichtlich dar. Die Literaturverzeichnisse solcher Überblicksartikel sind daher oft sehr viel länger als von anderen wissenschaftlichen Artikeln und bieten eine sehr gute Möglichkeit, weitere Literatur zu Ihrem Thema zu finden. Relevant für solche Überblicksartikel können jedoch die Einleitungskapitel zu Sammelbänden oder der Literaturüberblick in Dissertationen sein, da auch dort häufig der aktuelle Stand der Forschung zum Thema des Buches dargestellt wird.

Ist ein solcher Überblicksartikel nicht zu finden, können auch thematisch passende Nachschlagewerke, z.B. Fachlexika oder Handbücher, als Einstieg in die Recherche hilfreich sein (z.B. *Handbuch der Soziologie*, *Handwörterbuch der Soziologie*, etc.). In diesen finden sich in der Regel Definitionen wichtiger Begriffe, kurze Abhandlungen zu verschiedenen Themenbereichen und Literaturhinweise zu den wichtigsten soziologischen Autorinnen und Autoren, die sich mit diesem Thema beschäftigen. Allerdings sind solche Kapitel in Nachschlagewerken bei Weitem nicht so spezifisch, umfangreich

---

16 http://www.ubka.uni-karlsruhe.de/kvk.html (Zugriff: 31.03.2015)

und aktuell wie Überblicksartikel zu einem Thema und bieten insofern nur erste Hinweise zum Weiterrecherchieren. Daher muss hier immer auch die Aktualität der Literatur berücksichtigt werden. Beispielsweise gibt es im 2012 herausgegebenen *Handwörterbuch zur Gesellschaft Deutschlands* von Steffen Mau und Nadine Schöneck auch ein Kapitel zu Bildung und Bildungssystem von Kathrin Leuze und Heike Solga (Leuze & Solga 2012), wo die Veränderung der Bildungschancen nach Geschlecht angesprochen wird, allerdings nur vergleichsweise oberflächlich.

Gelegentlich bietet es sich auch an, in den Archiven der thematisch passenden soziologischen Fachzeitschriften zu ‚stöbern' (das können Sie im Internet oder in der Bibliothek tun). Für eine Nennung möglicher Zeitschriften, in denen Sie stöbern könnten, siehe Seite 43-44. Wenn Sie nur eine eher grobe oder vage Vorstellung von Ihrem Thema und der zu bearbeitenden Fragestellung haben, können Sie bei diesen Zeitschriften einfach mal die Ausgaben der letzten Jahre durchsehen, ob für Sie relevante Artikel publiziert wurden.

2.3.2 Wie suche ich in Fachdatenbanken?

Neben dem Internet und dem allgemeinen Katalog der Universitätsbibliothek gibt es eine Vielzahl an Fachdatenbanken, in denen Sie recherchieren können. Fachdatenbanken bieten meist eine größere Anzahl an Treffern zu Ihrem Thema als der Katalog der Universitätsbibliothek, da Sie dort auch nach Artikeln in Fachzeitschriften, Buchbeiträgen oder Forschungsberichten suchen, jedoch spezifischere Suchmöglichkeiten als bei *Google Scholar* verwenden können. Zudem werden Fachdatenbanken in der Regel von fachkundigen Sachbearbeiterinnen und Sachbearbeitern betreut, was die wissenschaftliche Qualität der dokumentierten Quellen sicherstellt (Kolle 2012:40). Viele der verfügbaren Fachdatenbanken sind kostenpflichtig, d.h. dass für das Lesen, Kopieren und/oder Downloaden der Bücher und Artikel Nutzungsgebühren anfallen. Aber häufig übernimmt die Universität oder Hochschule die Gebühr und es besteht die Möglichkeit der kostenfreien Nutzung über die Universitätsbibliothek. Dies bedeutet aber, dass Sie die Recherche eventuell von einem Bibliotheksrechner aus durchführen oder sich per VPN-Client in Ihr Universitätsnetz einwählen oder anderweitig über ein Authentifizierung einloggen müssen (siehe 2.3.3).

Es gibt Referenz- und Volltext-Datenbanken, wobei die am weitesten verbreiteten – die sogenannten Literaturdatenbanken – mittlerweile eine Mischung aus be den darstellen. Referenzdatenbanken beinhalten Informationen zu Autorinnen und Autoren, Titel, Erscheinungsort und -jahr sowie eine kurze Zusammenfassung des Inhalts der entsprechenden Quellen, jedoch keine vollständigen Texte. Somit ist kein direkter Download von Texten möglich, meist gibt es jedoch eine Verlinkung mit dem Katalog der Universitätsbibliothek, was die unmittelbare Recherche nach der Verfügbarkeit vor Ort erlaubt. Bei Volltext-Datenbanken kann die gefundene Literatur auch gleich heruntergeladen werden. Des Weiteren gibt es Statistikdatenbanken, die für Ihr Studium auch relevant sein können, wenn Sie z.B. nach empirischen Zahlen zu einem bestimmten Thema suchen (siehe Abschnitt 2.1).

Wichtig ist, dass Fachdatenbanken tatsächlich häufig auf ein spezielles Fach zugeschnitten sind, Sie also nicht in jeder wissenschaftlichen Datenbank Literatur für eine soziologische Arbeit finden können. Die wichtigsten der soziologischen Fachdatenbanken stellen wir Ihnen daher im Folgenden kurz vor (eine Übersicht findet sich in Tabelle 3 auf S. 72 und am Ende des Kapitels).

Zu den wichtigsten Referenzdatenbanken für die Soziologie zählt *sowiport*,[17] das Portal für die Sozialwissenschaften von GESIS – Leibniz Institut für Sozialwissenschaften. *sowiport* durchsucht 18 verschiedene Fachdatenbanken sowie Bibliothekskataloge und bietet zudem einen Veranstaltungskalender, Themen-Feeds und eine Institutionendatenbank (Kolle 2012:43). Es dokumentiert vor allem Aufsätze in Zeitschriften, Beiträge in Sammelwerken, Monografien und graue Literatur aus dem deutschsprachigen Raum. Zu den durchsuchten Datenbanken gehören SOLIS,[18] eine Referenzdatenbank von GESIS, die in der Bundesrepublik Deutschland, Österreich und der Schweiz erscheinen und SOFIS,[19] ebenfalls von GESIS, das in diesen drei Ländern durchgeführte Forschungsprojekte der letzten zehn Jahre dokumentiert (Kolle 2012:40). Schließlich werden die sozialwissenschaftlichen CSA-Datenbanken des Informationsbieters Pro Quest durchsucht, von denen *CSA Sociological Abstracts*[20] die relevanteste für das wissenschaftliche Arbeiten in der Soziologie ist. Sie enthält bibliografische Angaben und Abstracts von primär englischsprachiger Literatur aus der Soziologie und benachbarten Disziplinen, z.B. von Artikeln aus internationalen Fachzeitschriften, wissenschaftlichen Büchern, Dissertationen und Konferenzbeiträgen. Ein Vorteil von *sowiport* ist, dass dort auch sehr aktuelle Forschungsberichte, noch bevor sie an anderer Stelle veröffentlicht wurden, recherchiert werden können. Insgesamt enthält *sowiport* rund 8 Millionen Nachweise zu Veröffentlichungen und Forschungsprojekten, die den Nutzer/innen kostenlos zur Verfügung gestellt werden. Neben einer einfachen Suchmög-

---

[17]   http://sowiport.gesis.org/ (Zugriff: 31.03.2015)
[18]   http://www.gesis.org/unser-angebot/recherchieren/solis/ (Zugriff: 09.09.2014).
[19]   http://www.gesis.org/unser-angebot/recherchieren/sofis/ (Zugriff: 09.09.2014).
[20]   http://www.proquest.com/products-services/socioabs-set-c.html (Zugriff: 09.09.2014)

lichkeit lassen sich die Suchergebnisse zudem leicht verarbeiten (Kolle 2012:43).

Zunehmend wichtiger wird auch das *Web of Knowledge*,[21] eine interdisziplinäre Rechercheplattform, die Zugang zu zahlreichen Datenbanken und nützliche Recherchetools bietet. Für das wissenschaftliche Arbeiten in der Soziologie ist vor allem das dort integrierte Rechercheportal *Web of Science*, das die Referenzen zu allen wissenschaftlichen Artikeln der bereits erwähnten SSCI gelisteten Fachzeitschriften (vgl. 2.1) bereitstellt und somit vor allem englischsprachige Literaturangaben enthält. Ein wesentlicher Vorteil der Suche mit *Web of Knowledge* ist, dass im Gegensatz zu anderen Literaturdatenbanken auch die Literaturangaben der gefundenen Artikel verfügbar sind, so dass auch ‚rückwärts' gesucht werden kann. Das heißt, es kann nach Publikationen gesucht werden, die von einer besonders relevanten Quelle zitiert werden, da man davon ausgehen kann, dass diese Publikationen auch für die eigene Arbeit von Bedeutung sind. Zudem gibt es einen *citation alert*, ein Benachrichtigungssystem, das Sie informiert, sobald ein von Ihnen als wichtig eingestufter Artikel von jemandem in einer SSCI-gelisteten Zeitschrift zitiert wird.

Zu den für Deutschland wichtigsten Volltextdatenbanken gehört das *Social Science Open Access Repository* (SSOAR).[22] Dort finden Sie einen stetig wachsenden Bestand von sozialwissenschaftlichen Dokumenten im Volltext, die frei (daher englisch *open access*) für Sie verfügbar sind, z.B. Zeitschriftenbeiträge, Kapitel aus Sammelbänden, Konferenzbeiträge, Arbeitspapiere, aber auch ganze Monografien und Dissertationen. Die Open-Access-Bewegung hat das Ziel der maximalen Verbreitung wissenschaftlicher Informationen über das Internet. Nutzerinnen und Nutzer können die Literatur kos-

---

[21] https://webofknowledge.com/ (Zugriff: 31.03.2015)
[22] http://www.ssoar.info/home.html (Zugriff: 31.03.2015)

tenfrei im Volltext lesen, herunterladen, kopieren und zitieren. Gleichzeitig sichert *Open Access* die dauerhafte Nutzung speziell von grauer Literatur, die nicht im offiziellen Buchhandel zu erwerben ist.

Ein im Bereich der Soziologie ebenfalls relevante, jedoch kostenpflichtige und englischsprachige Volltextdatenbank ist *JSTOR,*[23] das vor allem englischsprachige Zeitschriftenartikel und Bücher als Volltext zur Verfügung stellt. Hinzu kommt die thematisch jedoch stärker eingegrenzte und ebenfalls kostenpflichtige Volltextbibliothek der Organisation für wirtschaftliche Zusammenarbeit und Entwicklung (englisch *Organisation for Economic Cooperation and Development*, OECD), die OECD *iLibrary,*[24] die vor allem bildungs- und wirtschaftswissenschaftliche Themen behandelt.

Im Gegensatz zu gedruckten Quellen wie Überblicksartikeln, Handwörterbüchern oder Lehrbüchern haben Fachdatenbanken mehrere Vorteile: Es kann einfacher und spezifischer nach einen konkreten Thema gesucht werden, weil Sie auf Artikel-Ebene recherchieren und in der Regel die Abstracts und häufig auch die Artikel-Volltexte mit durchsuchen können. Sie finden mehr Literatur zum Thema und die gefundenen Treffer sind meist auch aktueller. Bei Volltextdatenbanken ist zudem die Beschaffung deutlich einfacher. Der Zugriff auf die Datenbanken erfolgt heute fast immer direkt über das Internet. Dazu müssen Sie entweder einen Internetzugang Ihrer Universitätsbibliothek nutzen oder sich per VPN-Verbindung von außen in das Computer-Netzwerk der Universität einwählen und über ein Login-Verfahren authentifizieren. Darüber erhalten Sie in der Regel auch von zu Hause die Berechtigung, die dort vorhandenen Datenbanken zu nutzen. Eine Liste der vorhandenen Datenbanken können Sie auf der

---

[23]   http://www.jstor.org/ (Zugriff: 31.03.2015)
[24]   http://www.oecd-ilibrary.org (Zugriff: 31.03.2015)

Homepage Ihrer Universitätsbibliothek erhalten. Da die unterschiedlichen Datenbanken im Grunde nach einem ähnlichen Schema funktionieren, werden wir im Folgenden die wichtigsten Strategien zur Literaturrecherche allgemein aufführen.

Gehen Sie bei der Recherche in Datenbanken in mehreren Schritten vor:

1. Legen Sie relevante Suchbegriffe für Ihr Thema fest. Beginnen Sie zunächst mit zwei bis drei Begriffen, um die Suche nicht von vornherein zu sehr einzuschränken. Nutzen Sie für die Suche nur diese Suchbegriffe, keine Artikel oder Präpositionen.

2. Generieren Sie Synonyme und thematisch ähnliche Begriffe, z.B. über Thesaurus oder Nachschlagewerke, aber auch die englische Übersetzung oder verschiedene Schreibweisen.

3. Verknüpfen Sie Ihre Suchbegriffe durch die für die Datenbank zulässigen Suchoperatoren.
   - Phrasensuche: „ “ erfordert eine **feste Reihenfolge** bestimmter Begriffe
   - Trunkierung: * oder ? oder ! ersetzt **beliebig viele** Zeichen am Wortanfang und/oder am Wortende (z.B. *ungleichheit, Hochschul*)
   - Maskierung: ? oder $ oder * oder ! ersetzen **genau ein** Zeichen im Begriff (z.B. democrati?ation mit „s“ oder „z“)
   - Verknüpfungen (Bool'sche Operatoren):
     AND oder UND: **alle** Begriffe müssen auftauchen
     OR oder ODER: **entweder** der eine **oder** der andere Begriff können auftauchen
     NOT oder NICHT: Suchbegriff darf in der Suche **nicht** enthalten sein
     Bei Verknüpfungen gilt die Vorrangsregelung: AND vor OR vor NOT!
   - ~ sucht auch nach Synonymen des darauffolgenden Suchbegriffes (nur bei Google)

4. Führen Sie die Recherche durch.

So leicht es sich anhört, ist das Finden geeigneter Suchbegriffe oft gar nicht so einfach. Häufig sind die Suchbegriffe so allgemein, dass Sie zu viele Treffer erhalten, von denen die meisten nur am Rande oder gar nicht mit Ihrem Thema zu tun haben. Oder aber Ihre Suchbegriffe sind so spezifisch, dass Sie keinen einzigen Treffer erhalten. Daher bietet es sich an, zunächst nur zwei bis drei Suchbegriffe einzugeben, diese jedoch möglichst spezifisch zu formulieren. Beispielsweise ergibt die Suche bei *sowiport* nach den sehr allgemeinen Begriffen *Bildung AND Geschlecht AND Ungleichheit* 2.961 Treffer, also viel zu viele, um diese durchsehen zu können. Dagegen ergibt die Suche nach den spezifischeren Begriffen *Bildungssystem AND Jungen AND „soziale Ungleichheit"* 16 Treffer, einer Anzahl, mit der man gut weiter arbeiten kann. Wenn Ihnen diese Suche dann doch etwas zu eingeschränkt war, können Sie als Synonym für *soziale Ungleichheit* auch *Benachteiligung* eingeben, was die Treffermenge auf 33 erhöht. Die Suche nach *Bildungs* AND Jungen AND „soziale Ungleichheit"* erhöht die Trefferzahl weiter auf 77 Angaben, was jedoch schon wieder fast zu viel ist, um durchgesehen werden zu können (Stand: 29.08.2014).

Generell ist es für eine Recherche sinnvoll, ca. 15 bis 30 Literaturhinweise als Treffermenge zu erhalten, da eine größere Anzahl schwer zu verarbeiten sein kann. Weniger Treffer sind natürlich auch möglich, jedoch besteht dann die Gefahr, relevante Literatur zu übersehen. Zur besseren Übersicht können Sie eine Tabelle anlegen, die die Suchbegriffe und deren Synonyme auflistet. Zudem empfiehlt es sich, die Suchstrategie, d.h. welche Begriffe in welcher Datenbank zu welcher Zeit mit welchem Ergebnis genutzt wurden, zu dokumentieren, damit Sie diese später auch noch nachvollziehen können.

Wichtig für die Suche in Datenbanken ist die Unterscheidung zwischen Stichwort- und Schlagwortsuche. Wenn Sie nach Stichwörtern suchen, müssen diese Begriffe auch tatsächlich an irgendeiner Stelle der Literatur vorkommen, z.B. im Titel oder in der Zusammenfassung. Schlagworte sind dagegen standardisierte Begriff, die den Inhalt einer Quelle beschreiben, ohne tatsächlich wörtlich darin vorzukommen. Mit der Hilfe von Schlagworten wird also der Inhalt eines Textes im Telegrammstil beschrieben und dadurch in einer Datenbank auffindbar. Allerdings ist es wichtig, dass Sie die in der Datenbank verwendeten Schlagworte kennen, da Sie sonst unter Umstände keine Treffer erhalten. Für die meisten Datenbanken gibt es einen normierten Schlagwortkatalog, und auch nur diese können über die Schlagwortsuche aufgerufen werden. Leider unterscheiden sich die Schlagwortkataloge von Datenbank zu Datenbank, weswegen Sie immer wieder nachsehen müssen, ob Ihre Schlagworte auch tatsächlich genutzt werden.

Meist können Sie in Datenbanken zwischen einer einfachen und einer erweiterten Suche wählen. In der einfachen Suche steht Ihnen meist nur eine Eingabezeile zur Verfügung plus ein Pull-Down-Menü, in dem Sie angegeben können, wo die Begriffe gefunden werden sollen. Beispielsweise können Sie bei *sowiport* in der einfachen Suche entscheiden, ob die eingegebenen Begriffe überall auftauchen dürfen (Einstellung ‚Alle Felder‘), oder nur bei Titel, Personen, Institutionen, Nummern, Schlagworten oder Jahren. Wenn in allen Feldern gesucht wird, werden sämtliche Dokumente ausgegeben, die den Suchbegriff an einer beliebigen Stelle enthalten. An welcher Stelle dies jedoch ist, kann erst bei der Sichtung der Dokumente festgestellt werden.

In der erweiterten Suche werden dagegen mehrere Suchfelder angezeigt, wodurch Sie unterschiedliche Suchoptionen kombinieren können, beispielsweise durch Angabe von Name des Autors oder der Autorin und Schlagworten. Im Suchfeld ‚Schlagwort‘ kann nach standardisierten Begriffen gesucht werden, die den Inhalt des Textes beschreiben, im Suchfeld ‚Titel' dagegen nur nach Begriffen, die auch im Titel genau so auftauchen. Das Suchfeld ‚Name' oder ‚Autor' erlaubt die Suche nach bestimmten Verfasserinnen und Verfassern, und das Suchfeld ‚Jahr' erlaubt die Einschränkung der Suche auf Dokumente, die in einem bestimmten Jahr erschienen sind. Die erweiterte Suche ist zwar einerseits flexibler und spezifischer auf ein bestimmtes Thema anpassbar, erfordert allerdings ein wenig Übung, um auch dort eine befriedigende Anzahl an Treffern zu erhalten.

Selbst wenn Sie all unsere Tipps zur Literaturrecherche beherzigen, wird es trotzdem häufig vorkommen, dass Sie zunächst kein zufriedenstellendes Ergebnis bekommen. In der folgenden Tabelle haben wir die häufigsten Probleme aufgeführt und bieten Ihnen mögliche Lösungswege an.

Tabelle 2: Probleme bei der Recherche und Lösungsstrategien

Mögliche Probleme	Lösungsstrategien
0 Treffer	• Rechtschreibfehler korrigieren • Anzahl der Suchbegriffe einschränken • Suchkriterium (z.B. Autor bzw. Autorin, Titel) passt nicht zum Suchbegriff • Art der gesuchten Literatur passt nicht zur Datenbank
zu viele Treffer	• Anzahl der Begriffe erweitern • Begriffe präzisieren (z.B. Hochschulsystem statt Bildungssystem) • verschiedene Suchoptionen kombinieren (z.B. Suche nach Titel + Zeitspanne + Schlagwort etc.)
zu wenige Treffer	• andere Begriffe verwenden (auch Synonyme: Thesaurus) • englische Begriffe verwenden • im Literaturverzeichnis einschlägiger Artikel recherchieren

2.3.3 Wie suche ich mit dem Schneeballsystem?

Schließlich ist es in jedem Fall hilfreich, im Literaturverzeichnis einschlägiger wissenschaftlicher Publikationen nachzusehen, welche Literatur dort zitiert wurde und ob diese ebenfalls für Sie relevant sein könnte. Wenn Sie über die Einstiegspunkte zur Literaturrecherche oder die Suche in Datenbanken bereits relevante Arbeiten zu Ihrem Thema gefunden haben, können Sie mit Hilfe des sogenannten Schneeballsystems Ihre Literaturliste schnell vergrößern. Ausgehend von einem für Ihr Thema einschlägigen Buch oder Aufsatz lassen sich anhand des Literaturverzeichnisses weitere Quellen finden, diese führen wieder zu weiteren Quellen, und so weiter. Aber Achtung: Wir raten Ihnen, diese Art der Literatursuche nur in Kombination mit den anderen vorgestellten Recherchemöglichkeiten durchzuführen, da die Literatursuche nach dem Schneeballsystem immer in die Vergangenheit gerichtet ist, d.h. Sie finden nur ältere Literatur als die Ausgangsquelle. Wenn diese ebenfalls älteren Datums ist, besteht die Gefahr, neuere Arbeiten zum Thema zu übersehen. Hinzu kommt, dass Autoren und Autorinnen häufig auf solche verweisen, die ähnliche Ansichten vertreten oder ihnen inhaltlich nahestehen, so dass Sie unter Umständen ein einseitiges Bild auf den Forschungsgegenstand erhalten (Ebster & Stalzer 2003:50).

Die folgende Tabelle gibt Ihnen nochmal einen Überblick, wo Sie welche Arten von Literatur finden können.

Tabelle 3: Wo finde ich was?

Rechercheort	Beispiele	Art der auffindbaren Literatur
Bibliotheks-katalog	Katalog der Universitätsbibliothek	Bücher, nicht als Buch veröffentlichte Dissertationen, graue Literatur
	Verbundkataloge	Bücher, nicht als Buch veröffentlichte Dissertationen, graue Literatur
	Karlsruher Virtueller Katalog (KVK)	Bücher, nicht als Buch veröffentlichte Dissertationen, graue Literatur
Referenz-datenbank	sowiport	Bücher, Kapitel in Sammelbänden, Artikel in wissenschaftlichen Fachzeitschriften, graue Literatur
	Web of Science	Artikel in wissenschaftlichen Fachzeitschriften
Volltext-datenbank	SSOAR	Bücher, Kapitel in Sammelbänden, Artikel in wissenschaftlichen Fachzeitschriften, graue Literatur
	JSTOR	Bücher, Kapitel in Sammelbänden, Artikel in wissenschaftlichen Fachzeitschriften
	OECD iLibrary	*Bücher, graue Literatur, Statistiken*
Internet	Wikipedia	Einführungen, Definitionen, Übersetzungen
	Google Scholar	Bücher, Kapitel in Sammelbänden, Artikel in wissenschaftlichen Fachzeitschriften, graue Literatur
	Websites von Universitäten oder außeruniversitären Forschungseinrichtungen	graue Literatur
Statistik-datenbanken	Statistisches Bundesamt	Statistiken zu Deutschland
	Eurostat	Statistiken zu Ländern der Europäischen Union
	OECD Statistics	Statistiken zu Ländern der OECD
Literatur-verzeichnis einschlägiger Publikationen	Schneeballsystem	Bücher, Kapitel in Sammelbänden, Artikel in wissenschaftlichen Fachzeitschriften, graue Literatur

2.4 Wie beschaffe ich Literatur?

Nachdem Sie für Ihre Arbeit relevante Literatur recherchiert haben, ist es in den meisten Fällen einfach, diese auch zu beschaffen. Der Vorteil der Universitätsbibliothek liegt darin, dass vorhandene Bücher vor Ort ausgeliehen, Artikel aus Fachzeitschriften oder Buchkapitel kopiert und ein zunehmend größerer Bestand an Artikeln aus E-Books und E-Journals direkt heruntergeladen werden kann. Sollte einmal ein gesuchtes Buch nicht vorhanden sein, besteht die Möglichkeit, diese in überregionalen Verbundkatalogen oder dem Karlsruher Virtuellen Katalog (KVK) (siehe 3.1.1) zu recherchieren. Im Anschluss können Sie so recherchierte Bücher per Fernleihe über Ihre Universitätsbibliothek besorgen lassen. Bücher werden meist leihweise, Zeitschriftenartikel als Kopie besorgt. Teilweise können Kosten für die Fernleihe anfallen, z.B. für die Versendung von Kopien oder die Nutzung von Lieferservices (wie *Subito*). Fragen Sie Ihre Bibliothek, ob Kosten anfallen.

Bei Zeitschriftenartikeln ist die Beschaffung besonders bequem, wenn Sie diese in einer Volltextdatenbank recherchiert haben, da Sie den gewünschten Artikel vor Ort herunterladen oder ausdrucken können. Wenn Sie dabei die Wahl zwischen einem Html- oder eine Pdf-Dokument haben, wählen Sie letzteres, da nur dort die Abbildungen und Tabellen originalgetreu dargestellt und zudem beim Html-Dokument keine Seitenangaben gemacht werden, was das Zitieren schwierig macht (Ebster & Stalzer 2003:63). Sollte in der Datenbank der Volltext verfügbar sein, können Zeitschriftenartikel auch in der Elektronischen Zeitschriftenbibliothek (EZB) recherchiert und bei vorhandenem Zugang Ihrer Bibliothek auch heruntergeladen werden. Dort zeigt ein Ampelsystem an, welche Zeitschriften generell frei zugänglich sind (grüne Ampel), auf welche Zeitschriften Sie von Ihrer Universitätsbibliothek aus zugreifen können (gelbe Ampel) und auf welche Zeitschriften Sie keinen Zugriff haben (rote Ampel) (siehe auch Ebster & Stalzer 2003:64). Häufig ermöglicht Ihre Bibliothek auch den Zugang zu elektronischen Zeitschriften- und Buchbeständen, die wiederum den Volltextzugang zu den wissenschaftlichen Fachzeitschriften und Büchern eines bestimmten Verlags erlauben.[25]

Die Zugriffsberechtigung erfolgt sowohl bei der elektronischen Zeitschriftenbibliothek als auch bei den meisten *Journal Collections* über die IP-Erkennung Ihres Computers, nachdem Sie sich im Computernetz Ihrer Bibliothek registrieren haben. Sollte der Volltext eines Zeitschriftenartikels über keine der genannten Quellen verfügbar sein, können Sie diesen auch über einen kommerziellen Dokumentenlieferdienst bestellen (z.B. *JASON*, *Subito*, *Ingenta*). Ihr Vorteil liegt in der meist schnellen Lieferung der Bestellung per Email oder als Download von den Websites der Anbieter, ihr Nachteil sind die oftmals hohen Kosten (siehe ausführlich Ebster & Stalzer 2003:65-67).

Schließlich sollte auch die Hilfsbereitschaft von Wissenschaftlerinnen und Wissenschaftlern nicht unterschätzt werden. Sollten Sie nämlich überhaupt keine Möglichkeit besitzen, eine für Ihre Arbeit wichtige Literaturquelle zu bekommen, können Sie den Autoren oder die Autorin auch direkt kontaktieren und fragen, ob es eine Möglichkeit gibt, eine Kopie zu erhalten. Dieser Weg der Literaturbeschaffung wird nur sehr selten von Studierenden genutzt. Dabei ist es sehr einfach, die E-Mail-Adresse der entsprechenden Person im Internet zu finden, solange sie noch im aktiven Dienst an einer Universität oder einem außeruniversitären Forschungsinstitut ist. Solange es das Urheberrecht zulässt, werden viele der angeschriebe-

---

[25]   Hierzu zählen beispielsweise Science Direct von Elsevier (http://www.sciencedirect.com/), Springer Link (http://link.springer.com/) oder Sage Journals (http://online.sagepub.com/) (Zugriff: 31.03.2015).

nen Personen gerne bereit sein, Ihnen die gewünschte Quelle zukommen zu lassen. Allerdings sollten Sie nicht nach ganzen Literaturlisten für Ihr Thema fragen, da sonst schnell der Eindruck entstehen könnte, dass Sie Ihre Arbeit, nämlich die der Literaturrecherche, auf andere abwälzen wollen. Dazu merkt Eco (2010) an:

> „Von Zeit zu Zeit erhalte ich Briefe, wie den eines Studenten, der schreibt: ‚Ich habe eine Abschlußarbeit über das und das und das Thema zu schreiben (...). Können Sie zu freundlich sein, mir eine komplette Zusammenstellung der Literatur zu senden, damit ich mit meiner Arbeit weiter machen kann?' Wer so schreibt, hat offensichtlich den Sinn des Buches [Wie man eine wissenschaftliche Abschlussarbeit schreibt, Anmerkung der Verfasserinnen] nicht verstanden. (...) Außerdem hat, wer mich um eine Literaturzusammenstellung bittet, nicht verstanden, daß die Anfertigung einer Literaturzusammenstellung eine zeitraubende Angelegenheit ist. (...) Hätte ich soviel Zeit, ich schwöre, ich wüßte sie besser anzuwenden." (Eco 2010:X).

Weiterführende Literatur:

Ebster, Claus; Stalzer, Lieselotte (2003): *Wissenschaftliches Arbeiten für Wirtschafts-und Sozialwissenschaftler*. Wien: wuv Universitätsverlag. Kapitel 3 und 4.

Eh, Doris; Schütte, Simone (2013): Literatur finden. In: Franck, Norbert; Stary, Joachim (Hg.) *Die Technik wissenschaftlichen Arbeitens. Eine praktische Anleitung. 17. überarb. Auflage*. Paderborn: UTB Ferdinand Schöningh, S.33–64.

Kolle, Christian (2012): Wissenschaftliche Literaturrecherche. In: Berninger, Ina; Botzen, Katrin; Kolle, Christian; Vogl, Dominikus; Watteler, Oliver (Hg.) *Grundlagen sozialwissenschaftlichen Arbeitens.*

Eine anwendungsorientierte Einführung. Opladen, Toronto: Barbara Budrich, S.33-61.

Stykow, Petra; Daase, Christopher; Mackenzie, Janet; Moosauer, Nikola (2010): *Politikwissenschaftliche Arbeitstechniken. 2. durchg. Auflage*. Paderborn: UTB Wilhelm Fink. Kapitel 9 bis 14.

Watteler, Oliver (2012): Recherche nach sozialwissenschaftlichen Daten. In: Berninger, Ina; Botzen, Katrin; Kolle, Christian; Vogl, Dominikus; Watteler, Oliver (Hg.) *Grundlagen sozialwissenschaftlichen Arbeitens. Eine anwendungsorientierte Einführung*. Opladen, Toronto: Barbara Budrich, S.118-144.

Wichtige Rechercheorte und deren Online-Adressen

Gemeinsame Verbundkatalog (GVK) der Bibliotheken – z.B. der Bundesländer Bremen, Hamburg, Mecklenburg-Vorpommern, Niedersachsen, Sachsen-Anhalt, Schleswig-Holstein und Thüringen: http://gso.gbv.de/DB=2.1/LNG=DU/

Eurostat (Statistikportal der Europäischen Kommission): http://epp.eurostat.ec.europa.eu/portal/page/portal/eurostat/home/

Karlsruher Virtueller Katalog (KVK): http://www.ubka.uni-karlsruhe.de/kvk.html

JSTOR: http://www.jstor.org/

OECD iLibrary: http://www.oecd-ilibrary.org

OECD Statistics (Statistikportal der OECD (Organisation für ökonomische Zusammenarbeit und Entwicklung)): http://stats.oecd.org/

Sage Journals: http://online.sagepub.com/.

Science Direct von Elsevier: http://www.sciencedirect.com/

Social Science Open Access Repository (SSOAR): http://www.ssoar.info/home.html

Sowiport, das Portal für die Sozialwissenschaften von GESIS: http://sowiport.gesis.org/

Springer Link: http://link.springer.com/

Statistisches Bundesamt: https://www.destatis.de/DE/Startseite.html

Web of Knowledge: https://webofknowledge.com/

3. Wie sichte und lese ich die Literatur?

Die ersten Schritte auf dem Weg zu Ihrer wissenschaftlichen Arbeit sind getan: Sie haben eine Thema bzw. erste Vorstellung zur wissenschaftlichen Fragestellung und dazu eine erste Literaturrecherche durchgeführt, mit der Sie eine überschaubare Menge an Treffern (15-30 Quellen) erhalten haben. Doch woher wissen Sie, welche dieser Quellen für Ihre Arbeit auch tatsächlich geeignet sind? Selbst wenn Ihre Recherche nur 15 Literaturangaben ergeben hat, werden Sie wohl kaum die Zeit haben, alle 15 Quellen in Ruhe durchzulesen, um zu entscheiden, ob sie auch tatsächlich relevant sind. Im Folgenden geben wir Ihnen daher zunächst einige Hinweise, wie man sich einen Überblick über die recherchierte Literatur verschafft und sinnvolle Eingrenzungen vornimmt. Wenn das geschehen ist, können Sie in einem nächsten Schritt die ausgewählte Literatur sichten und lesen, was wir im Anschluss erläutern werden (siehe Abbildung 4). Oft bietet es sich an, die für Ihre Arbeit relevanten Texte in einem Exzerpt zusammenzufassen, um diese nach dem Erstellen einer Gliederung möglichst einfach in den zu schreibenden Text integrieren zu können (siehe Kapitel 4). Auch für das Exzerpieren werden wir Ihnen einige Tipps geben. Was wir Ihnen hier allerdings nicht vorstellen möchten, sind Techniken, wie Sie Ihre Lesegewohnheiten und Ihre Lesegeschwindigkeit verändern können. Hier verweisen wir lieber auf einschlägige Literatur, da nicht jeder Studierende in Höchstgeschwindigkeit lesen können muss, um wissenschaftliche Texte zu sichten, zu lesen und zu exzerpieren.

Abbildung 4: Texte eingrenzen, sichten und lesen

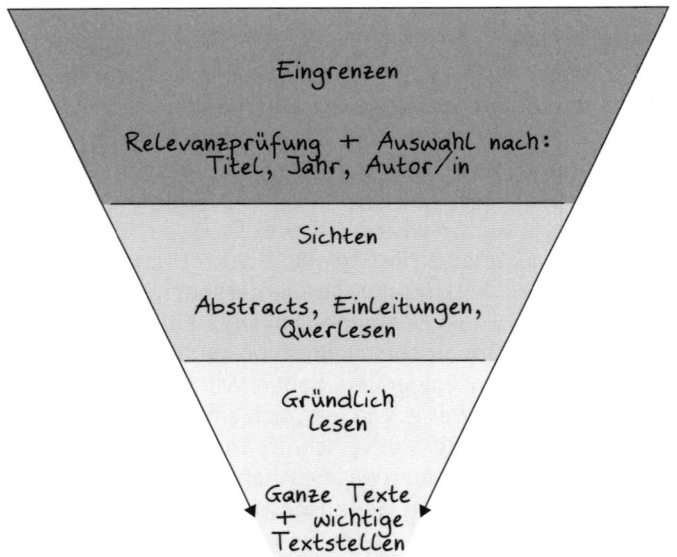

3.1 Wie verschaffe ich mir einen Überblick über die Literatur?

Meist beginnen Sie mit der Relevanzprüfung der gefundenen Literatur noch während der Literaturrecherche in den entsprechenden Datenbanken. Denn sobald Sie eine überschaubare Treffermenge zu Ihrem Thema erhalten haben, werden Sie zumindest den Titel durchlesen, um zu entscheiden, ob der Text interessant ist, für Ihre Fragestellung relevant ist, und Ihrem Vorwissen entspricht.

3.1.1 Eingrenzen

Im Folgenden nennen wir Ihnen einige Entscheidungskriteri-
en, anhand derer Sie die Relevanz gefundener Literatur überprüfen und die Suchergebnisse grob eingrenzen können (in
Anlehnung an Rost 2006:78).

- **Titel des Buches, Artikels oder Kapitels:**
  Hat der Titel einen inhaltlich erkennbaren Bezug zur Fragestellung? Welche weiteren Informationen liefert ggf. der
  Untertitel? Wie lautet der Originaltitel bei Übersetzungen
  und weicht dieser vom Übersetzungstitel ab? Um für unser
  Thema ‚Wandel der Bildungschancen nach Geschlecht'
  relevant zu sein, sollte schon im Titel ein Bezug zu Bildung
  und Geschlecht hergestellt werden.
- **Autorinnen und Autoren:**
  Sind die Autorinnen und Autoren ausgewiesene Expertinnen oder Experten zu Ihrem Thema? Werden sie von anderen Wissenschaftlerinnen und Wissenschaftlern zitiert?
  Tauchte der Name bei den ersten Recherchen, in Handbüchern oder bei Wikipedia schon einmal auf? Bei noch im
  Dienst befindlichen Personen können Sie deren Arbeits-
  schwerpunkte gut über deren Homepages recherchieren,
  zum Beispiel über die dort veröffentlichte Literaturliste. Die
  Autoren Andreas Hadjar (Universität Luxemburg) und Thomas A. DiPrete (Columbia University) listen beispielsweise
  eine Vielzahl von Publikationen zum Thema ‚Bildung und
  Geschlecht' auf ihrer Homepage auf.
- **Erscheinungsjahr:**
  Passt das Erscheinungsjahr zu Ihrer Fragestellung? Der folgende Hinweis (aus dem Jahr 2006) ist nach wie vor relevant: „Trivial, aber wichtig: Neue Daten, aktuelle Entwicklung und Theorien finden Sie nicht in Büchern oder
  Aufsätzen von 1960 oder 1975" (Rost 2006:76). Manche
  Bücher erscheinen auch in mehreren Auflagen, daher bie-

tet es sich an, immer die neueste Auflage zu lesen, um nicht Gefahr zu laufen, überholte Diskussionen zu rezipieren. Bei Übersetzungen: Wann war der Zeitpunkt der Erstveröffentlichung? Wenn es sich bei Ihrer Fragestellung beispielsweise um den Wandel der Geschlechterungleichheiten im Bildungssystem handelt, Sie also einen längeren Zeitraum betrachten wollen, können sowohl ältere als auch neuere Studien relevant sein.

- **Verlag, Zeitschrift:**
  Handelt es sich um einen Verlag für wissenschaftliche Publikationen bzw. um eine soziologische oder sozialwissenschaftliche Zeitschrift (siehe Kapitel 2.1)? Zu den ausgewiesenen sozialwissenschaftlichen Buchverlagen in Deutschland zählen beispielsweise Barbara Budrich, Campus, Nomos, Springer VS (ehemals VS Verlag für Sozialwissenschaften), Transcript oder für Lehrbücher UTB.

Das Ergebnis einer solchen Relevanzprüfung ist ein allererster Überblick über die Inhalte von möglicher Literatur, die Sie in Ihrer Arbeit verwenden können, noch bevor Sie diese beschafft oder im Detail durchgelesen haben. Dieser erste Schritt hilft Ihnen also vor allem, zu entscheiden, ob Sie den gefundenen Artikel herunterladen und ausdrucken oder das gefundene Buch bestellen, wenn es nicht als E-Book verfügbar sein sollte (siehe 2.3). Allerdings ist zu diesem Zeitpunkt immer noch nicht klar, ob die beschaffte Literatur auch tatsächlich für Ihre Fragestellung geeignet ist. In einem nächsten Schritt werden Sie daher mit dem Sichten und Querlesen beginnen, um besser entscheiden zu können, welche Literatur Sie intensiver durchlesen möchten, um sie ggf. zu exzerpieren und für Ihre Arbeit zu nutzen.

3.1.2 Sichten und Querlesen

Das Sichten und Querlesen dient nach der ersten Grobauswahl der weiteren Bestimmung relevanter Literatur. Wie gehen Sie dabei vor? Sie nutzen die Struktur der Texte und lesen vor allem die Zusammenfassungen und Übersichten Bei einem Buch konsultieren Sie das Inhaltsverzeichnis und lesen die Einleitung. In der Einleitung werden neben der konkreten Fragestellung meist kurz der Stand der Forschung zum Thema sowie der weitere Aufbau des Buches dargestellt. Oft wird hier auf die zentralen Ergebnisse hingewiesen. Einleitungen zu Sammelbänden enthalten oft auch eine kurze Zusammenfassung der einzelnen Beiträge und wie diese zusammenhängen.

Wissenschaftliche Artikel in Fachzeitschriften und auch graue Literatur beginnen in der Regel mit einem *Abstract* (englisch für Zusammenfassung). Ein Abstract fasst die wichtigsten Inhalte des Beitrags, z.B. das Thema, die Fragestellung, die theoretische und ggf. empirische Herangehensweise sowie die wichtigsten Ergebnisse knapp (meist zwischen 100 und 200 Wörtern) zusammen. Wenn Sie das Abstract lesen, können Sie in der Regel gut einschätzen, ob der Artikel für Sie thematisch relevant ist oder nicht.

Sie nutzen zum Sichten der Literatur also die den Texten inhärente Struktur und insbesondere die darin enthaltenen Zusammenfassungen:

- **Abstract (bei Zeitschriftenartikeln und grauer Literatur):**
  Werden Themen behandelt, die für Ihre Fragestellung relevant sind?
- **Inhaltsverzeichnis und Klappentext (bei Büchern):**
  Bücher haben kein Abstract, aber häufig einen aussagekräftigen Klappentext und ein Inhaltsverzeichnis, das man konsultieren kann, um sich einen ersten Überblick zu verschaffen.

Darüber hinaus gibt es weitere Strategien zum Sichten:

- **Buchbesprechungen und Rezensionen:**
Wenn bei Büchern das Inhaltsverzeichnis nicht gleich einsehbar ist, könnten Sie herausfinden, ob es vielleicht eine Rezension, d.h. eine Buchbesprechung, gibt (siehe Kapitel 2.1).
Wenn ja, erhalten Sie damit sehr einfach eine kurze Zusammenfassung des Buches sowie eine erste kritische Beurteilung des Inhalts. Besprochen werden aber in der Regel nur
ganze Bücher, keine Zeitschriftenartikel oder einzelnen Buchkapitel.

- **Einleitung und Schluss lesen:**
Wenn Sie bei Zeitschriftenartikeln auf den ganzen Artikel zugreifen können (z.B. weil die Druckversion einer Zeitschrift im
Präsenzbestand Ihrer Bibliothek enthalten ist und Sie durch
die Zeitschrift blättern können oder weil Sie online Zugriff auf
die Vollversion des Textes haben), können Sie auch die anderen Bausteine des Artikels querlesen, um besser einschätzen
zu können, inwiefern der Text für Ihr Thema relevant ist. Empirische Arbeiten haben in der Regel – neben einem Abstract
– folgende Bausteine: Einleitung, Stand der Forschung/Litera-
turüberblick, theoretischer Hintergrund, Daten und Methodik,
Ergebnisse und Diskussion.

Die Einleitung legt die Fragestellung des Artikels dar und
stellt das ‚Neue' des Beitrags heraus. Manchmal wird schon
dort ein Überblick über den Stand der Forschung gegeben,
spätestens jedoch in einem getrennten Abschnitt zum Literaturüberblick, der auch Lücken der Forschung aufzeigt. Der
Theorieteil entwickelt den theoretischen Rahmen, der bei
quantitativen Arbeiten häufig mit der Hypothesenformulie-
rung endet und bei qualitativen Arbeiten in einer Forschungsfrage mündet. Im Methodenkapitel werden die verwendeten
Daten sowie die Erhebungs- und Analysemethoden vorge-

stellt. Daran schließt eine Darstellung der empirischen Ergebnisse an. Diese werden in der Diskussion nochmals kurz zusammengefasst und mit Bezug auf andere Literatur diskutiert, es wird ein Fazit gezogen, die Limitationen der vorliegenden Analyse diskutiert und Anknüpfungspunkte für weitere Forschung aufgezeigt.

Entspricht der Artikel dieser Struktur, macht es meist Sinn, sich auch bei Zeitschriftenartikeln oder Buchbeiträgen zunächst Einleitung und Schlussteil anzusehen. Danach kann man sich, je nach Fragestellung, auch weiteren Teilen widmen, indem man sich an den entsprechenden Kapitelüberschriften orientiert. Angewendet auf unser Thema bedeutet dies: Eine Definition von Bildungschancen finden Sie wahrscheinlich in der Einleitung oder in der Theorie, einen Überblick, was sich geändert hat, im Stand der Forschung oder bei den Ergebnissen, Erklärungen für diesen Wandel wiederum in der Theorie.

- **Von Kapitel zu Kapitel springen:**

Es kommt jedoch auch immer wieder vor, dass der recherchierte Text keine für Sie erkennbare Struktur hat oder dass diese keine Rückschlüsse darauf zulässt, wo Sie die gewünschten Informationen finden können. Wenn dies der Fall ist, bietet es sich zunächst an, von Kapitelüberschrift zu Kapitelüberschrift zu springen und die ersten Sätze zu lesen. Haben Sie dadurch ein interessantes Teilkapitel identifiziert, können Sie innerhalb dieses Kapitels von Absatz zu Absatz springen und wieder die ersten Sätze lesen. So erhalten Sie relativ schnell einen groben Überblick über den Inhalt des Beitrags und können sich im Anschluss detaillierter mit einigen Passagen auseinandersetzen. Manchmal hilft jedoch auch diese Strategie nicht, um die Relevanz eines Textes prüfen zu können. In diesem Fall ist wohl das Lesen des gesamten Textes unerlässlich.

- **Gezielt querlesen:**
Wenn Sie in Ihrer Arbeit und Recherche schon weiter fortgeschritten sind, können Sie die Literatur auch gezielt auf bestimmte Fragestellungen sichten. Die vertiefenden Fragen
zum Thema hängen mit Ihrer Fragstellung zusammen und
haben sich z.B. bei der Erstellung von Mind-Maps oder Clustern ergeben (siehe Kapitel 1.3). Zu unserem Thema „Warum
erhalten Jungen im Bildungssystem schlechtere Noten als
Mädchen?" lassen sich zum Beispiel die folgenden Fragen an
die Texte formulieren:

1. Was genau sind „ungleiche Bildungschancen"?
2. Wie wird „Bildungserfolg" eigentlich gemessen (d.h. welche Indikatoren werden genutzt)?
3. Bei welchen Bildungsindikatoren (z.B. Noten, Kompetenzen) sind Mädchen besser, bei welchen Jungen?
4. Was sind mögliche Erklärungen für die schlechteren Noten
   von Jungen?

Zur Beantwortung der ersten beiden Fragen werden Sie andere Texte heranziehen als zur Beantwortung der beiden letzten
Fragen, da erstere allgemein das Thema Bildungsungleichheiten und Bildungserfolg ansprechen, ohne notwendigerweise
den Bezug zum Geschlecht herzustellen. Für die dritte Frage
werden Sie wahrscheinlich nach empirischen Studien suchen,
zur Beantwortung der vierten eher nach theoretischen Texten
bzw. Textstellen.

Haben Sie Ihre Fragen festgelegt, beginnen Sie, die Texte
quer zu lesen (d.h. zu überfliegen) und gezielt nach Textstellen
und Anhaltspunkten (z.B. Grafiken, Tabellen) zu suchen, die
relevante Informationen zur Beantwortung der Fragen enthalten. Werden Sie fündig, wissen Sie, dass dieser Text es wert
ist, als Ganzes gründlich gelesen zu werden.

3.2 Wie lese ich gründlich?

Haben Sie die für Sie relevanten Texte und Textstellen identifiziert, geht es nun an das „studierende Lesen" (Berninger 2012:65), bei dem Sie sich gründlich und kritisch mit den Inhalten eines Textes auseinandersetzen. Achten Sie beim Lesen auf zwei Aspekte: auf die Inhalte und die Struktur des Textes. Erst wenn Sie beides, den Inhalt und die Struktur, erfasst haben, erschließt sich Ihnen die Argumentation des Autors bzw. der Autorin. Zentral für das studierende Lesen ist, dass Sie den ganzen Text lesen und nicht nur Auszüge davon. Auch werden Sie die für Ihre Arbeit relevanten Texte (und Textstellen) nicht nur einmal lesen, sondern mehrere Male, z.B. um beim ersten Lesen die generelle Argumentation zu erfassen, um beim zweiten Lesen sich damit kritisch auseinanderzusetzen und um beim dritten Lesen ein Exzerpt zu erstellen.

Um den Inhalt eines Satzes, eine Absatzes oder eines Kapitels zu erfassen, werden Sie sich zunächst die Frage stellen: „Worum geht es?" Um dies herauszufinden, bietet es sich an, nach dem ersten intensiven Durchlesen eines längeren Abschnittes relevante Textteile durch Unterstreichungen oder Markierungen zu kennzeichnen (Berninger 2012:68, Rost 2006:83). Einen hilfreichen Tipp zum Lesen finden Sie auch bei Helga Esselborn-Krumbiegel: „Beim ersten Lesen markieren Sie Leitbegriffe und zentrale Textstellen. Leitbegriffe sind diejenigen Begriffe, die unter der gegebenen Fragestellung die Ergebnisse *dieses* Textstücks unverwechselbar festhalten" (Esselborn-Krumbiegel 2014:83). Dadurch können Sie visuell wichtige von unwichtigen Textteilen trennen. Diese Unterscheidung gelingt allerdings nicht immer sofort. Daher sollten Sie mit dem Markieren erst dann beginnen, wenn Sie einen längeren Abschnitt bereits gelesen haben, um im Anschluss entscheiden zu können, was wichtig und was unwichtig ist. Je mehr Sie zu einem Thema gelesen haben, desto einfacher fällt Ihnen auch das Markieren von relevanten Inhalten. Sie sollten jedoch auch in diesem Fall nicht nur die für Sie neuen Aspekte unterstreichen, sondern alle zentralen Aussagen des Textes, um die Argumentation in seiner Gesamtheit erfassen zu können. Dabei ist es nicht notwendig, dass die unterstrichenen Sätze oder Satzteile einen fortlaufenden Zusammenhang ergeben. Sie dienen Ihnen vielmehr als Erinnerungsstützen und als Basis für darauf aufbauende Exzerpte, in denen Sie den Text in eigenen Worten wiedergeben.

Durch das Unterstreichen und Markieren von relevanten Textstellen können Sie nach und nach die innere Struktur des Textes klarer erfassen. Um auf unsere Fragestellung zurückzukommen, können Sie beispielsweise Definitionen von Bildungschancen in Gelb, empirische Angaben zu den Unterschieden der Bildungschancen von Mädchen und Jungen in Grün sowie theoretische Erklärungen für diese Unterschiede in Rot markieren. Sie können aber auch unterschiedliche Farben für Ihre unterschiedlichen ‚Leserunden' nutzen, da Sie einen Text im Normalfall nicht nur einmal, sondern mehrere Male konsultieren werden. Beispielsweise nutzen Sie gelb für das erste Sichten der Literatur, orange für das etwas fokussiertere zweite Lesen des Textes, usw. Wenn Sie einen Text so markieren, können Sie auch zu einem späteren Zeitpunkt schnell auf bestimmte Inhalte eines Textes zugreifen, ohne diesen in seiner Gesamtheit nochmal lesen zu müssen.

Zusätzlich zum Unterstreichen und Markieren ist es hilfreich, wenn Sie sich Notizen am Textrand machen. Dies hilft Ihnen, Ihre eigenen Gedanken, die Ihnen beim Lesen des Textes in den Sinn kommen, festzuhalten. So können Sie sich strukturierende Notizen machen, die angeben, welches Strukturelement im Abschnitt gerade besprochen wird, z.B. ‚Fragestellung', ‚Definition' oder ‚Hypothese'. Zudem können Sie schon hier kurze Zusammenfassungen der Kernaussagen notieren, mit denen sich ein Abschnitt auseinandersetzt. Schließlich können solche Notizen Assoziationen, kritische Kommentare und Ergänzungen enthalten, die Sie später genauer ausformulieren können, wenn Sie den Text diskutieren (Rost 2006:83).

Vor allem wenn Sie einen Text als Ganzes durchlesen und erfassen wollen, werden Ihnen strukturierende Notizen helfen, den Aufbau eines Textes und die Zusammenhänge der einzelnen Abschnitte in den Blick zu bekommen. Dazu können Sie sich für jeden Teilabschnitt die Frage stellen: „Welche Funktion hat der Textabschnitt in der Argumentation des Autors bzw. was ‚macht' er an dieser Stelle?" (Berninger 2012:68) Wird zum Beispiel die Fragestellung erläutert, eine These aufgestellt und begründet oder die empirische Überprüfung dieser These erläutert? Zur groben Erfassung der Struktur eines Textes können Sie die oben erläuterten Bausteine eines empirischen wissenschaftlichen Artikels heranziehen. Meist ist es jedoch sinnvoll, auch innerhalb der so identifizierten Abschnitte die Struktur der Argumentation formal nachzuvollziehen. Denn nur so werden Sie merken, wenn beispielsweise eine Autorin oder ein Autor zwar sehr viele Hypothesen vorstellt, sich diese jedoch gar nicht oder nur am Rande aus der zuvor dargestellten Theorie ableiten lassen.

In einem guten Aufsatz mit rotem Faden sollten Sie also nicht nur die Funktionen einzelner Abschnitte nachvollziehen können, sondern überdies erkennen, wie die einzelnen Passagen aufeinander aufbauen. Wenn Sie Inhalt und Funktion der einzelnen Textabschnitte erfasst haben, können Sie abschließend die Qualität des Aufsatzes als Ganzes beurteilen: Ergibt jeder Absatz einen Sinn? Bauen die einzelnen Teilkapitel aufeinander auf? Wird schlüssig argumentiert? Sind die Argumentationen widerspruchsfrei? Was bleibt unklar? Gibt es alternative Perspektiven auf den Gegenstand oder die Ergebnisse? Wenn Sie diese Fragen für sich beantworten können, sind Sie schon einen Schritt weiter und haben den Text nicht nur verstanden, sondern beginnen, ihn kritisch zu reflektieren, was wir genauer in Kapitel 4 vorstellen werden.

3.3 Wie exzerpiere ich Texte?

Um die Frage nach Thema und Hauptaussagen eines Textes beantworten zu können, reicht es häufig nicht aus, wichtige Passagen zu unterstreichen oder eigene Gedanken am Rande zu notieren. Wir müssen vielmehr in der Lage sein, das Gelesene in eigenen Worten wiederzugeben, was schon der erste Schritt zum Erstellen eines Exzerptes ist. Häufig hören wir von Studierenden, dass es ihnen zu zeitaufwändig ist, Exzerpte von Texten zu erstellen. Allerdings haben Exzerpte eine Reihe von Vorteilen: Zum einen bleibt mehr ‚hängen‘, wenn Sie, nachdem Sie einen Text gründlich gelesen und markiert haben, diesen auch exzerpieren. Denn das Zusammenfassen des Textes in eigenen Worten hilft Ihnen, diesen tiefer zu durchdringen, zu verstehen, zu reflektieren und ihn sich später in Erinnerung zu rufen. Zum anderen können Exzerpte nicht nur für die anstehende Arbeit verwendet werden, sondern dienen der längerfristigen Archivierung von Textinhalten, die Sie beispielsweise auch für andere Seminararbeiten oder Ihre Abschlussarbeit gewinnbringend nutzen können. Exzerpieren lohnt sich also insbesondere für alle wichtigen Texte, auf die Sie für weitere Seminararbeiten oder Ihre Abschlussarbeit wieder zurückgreifen wollen (Rost 2006:89).

Wenn Sie Exzerpte verfassen, können Sie damit zwei Ziele verfolgen. Entweder Sie verfolgen eine allgemeine Fragestellung: Was wird in dem Text als Ganzes ausgesagt? Dann werden Sie den gesamten Text zusammenfassen. Hierzu merkt Ina Berninger (2012:71) an: „Die Kunst, Texte richtig zusammenzufassen, besteht in der Fähigkeit, sich nicht in Kleinigkeiten zu verlieren." Oder Sie richten eine oder mehrere spezifische Fragestellung an den Text (siehe oben). Dann konzentrieren Sie sich auf ausgewählte Teile des Textes und notieren die Antworten, die der Text dazu gibt. Wichtig ist in diesem Fall, dass Sie auch den Textzusammenhang, in dem die Aussagen stehen, beachten und notieren, um nicht einzelne Aspekte aus dem Zusammenhang zu reißen. In beiden Fällen gehen Exzerpte über eine bloße Zusammenfassung des Textes hinaus, wenn Sie darin auch Notizen zu Ihren eigenen Gedanken, Querverweise, oder Ähnliches notieren, die Ihnen dann später bei der kritischen Diskussion eines Textes behilflich sind.

Exzerpte beinhalten i.d.R. folgende Bestandteile: eine vollständige Quellenangabe[1] des Textes, auf den sich das Exzerpt bezieht, eine Zusammenfassung der Kernaussagen des Textes, Definitionen von zentralen Begriffen, eine Bewertung des Inhalts und eigene Gedanken, die Ihnen während des Lesens in den Sinn gekommen sind, den Bezug zum eigenen Thema sowie ggf. Verweise und weiterführende Fragen. Ausführliche Beispiele für das Erstellen von Exzerpten finden Sie bei Friedrich Rost (2006:91).

Sie sollten den Text immer in eigenen Worten zusammenfassen, also paraphrasieren und wörtliche Zitate auf ein Minimum reduzieren. Denn wenn Sie ein wörtliches Zitat an das nächste reihen, ist es Ihnen nicht möglich, vom gelesen Text zu abstrahieren und zu reflektieren, was davon Sie tatsächlich verstanden haben und was Sie einfach nur ‚abschreiben'. Nur bei Definitionen oder besonders prägnante Aussagen bietet es sich an, diese wörtlich zu übernehmen und in Anführungszeichen zu setzen (mehr dazu in Kapitel 5 zum richtigen Zitieren). Kapitelüberschriften können Sie ebenfalls wörtlich abschreiben und entsprechend kenntlich machen (z.B. durch unterstreichen). Um später das Exzerpt auch gewinnbringend

---

[1]   Wie genau diese aussehen, erfahren Sie in Kapitel 5.

in die Arbeit einbinden zu können, ist es hilfreich, wenn Sie sowohl für Paraphrasen als auch für wörtliche Zitate gleich die entsprechenden Seitenzahlen notieren, damit Sie diese später gut wiederfinden und ggf. nochmal nachlesen können. Exzerpte können sowohl als Fließtext als auch in Stichpunkten formuliert werden. Studierende finden Stichpunkte oft besser, weil sie übersichtlicher und einfacher zu verfassen sind. Um die Argumentationsstruktur eines Textes nachzuzeichnen, reicht es allerdings unter Umständen nicht aus, den Inhalt des Textes nur in Stichpunkten zu formulieren. Denn dadurch gehen leicht die Verknüpfungen zwischen den einzelnen Textabschnitten verloren.

Generell erfordert das Verfassen eines Exzerptes Übung – und gelingt, je nach Komplexität des Textes mal mehr und mal weniger gut. Wichtig ist daher vor allem, dass Sie üben, und zwar möglichst früh in Ihrem Studium. Denn so legen Sie sich im Verlauf Ihres Studiums einen großen Vorrat an Exzerpten an, auf die Sie, wenn es an das Schreiben einer umfangreichen Arbeit, wie der Bachelorarbeit geht, zurückgreifen können.

3.4 Wie gehe ich mit unverständlichen Texten um?

So leicht sich ‚Lesen' in der Theorie anhören mag, in der Praxis hören wir oft (und erleben das auch selbst), dass manche soziologischen Texte schwer zu lesen sind. Daher haben viele Studierende keine Lust zum Lesen und erst recht keine Lust, das Gelesene zu exzerpieren. Das Problem besteht vor allem darin, dass viele soziologische Texte abschreckend sind, weil sie verschachtelte und komplizierte Satzstrukturen beinhalten und darüber hinaus mit Fach- und Fremdwörtern gespickt sind. Hinzukommt, das Studierende im Studium oft Texte lesen, die gar nicht für Studierende als Zielgruppe geschrieben wurden (eine Ausnahme sind hier Lehrbücher), sondern für andere

Gestern in der Bibliothek!

Wissenschaftlerinnen. Dazu meint Rost (2006): „sie [die Texte, Anm. d. Verf.] sollen die Fachwelt beeindrucken – nicht Studierende" (Rost 2006:76). Daher setzen viele wissenschaftliche Texte bereits umfassende Kenntnisse des jeweiligen Forschungsgegenstandes voraus, die bei Studierenden oft nicht gegeben sind. Die Konsequenz: Viele Studierende fühlen sich von den Texten nicht angesprochen und verstehen sie nicht.

Doch wie können Sie trotzdem mit einem komplizierten Text mit vielen Fachwörtern und komplizierten Sätzen umgehen, ohne gleich nach der ersten Seite des Lesens und Nicht-Verstehens das Handtuch werfen zu müssen? Fangen wir mit den Fachwörtern an: Liegt der Text in Ihrer Muttersprache vor und ist er vom Schwierigkeitsgrad Ihrem Ausbildungsstand angemessen, werden Sie wahrscheinlich die Bedeutung von 80 bis 90 Prozent der verwendeten Wörter kennen bzw. diese aus dem Kontext heraus verstehen (Rost 2006:81). Die restlichen 10 bis 20 Prozent sind meist Schlüsselwörter oder

Fachwörter, ohne deren Kenntnis Sie den Inhalt des wissenschaftlichen Textes nicht wirklich verstehen können. Diese Fachwörter müssen nicht unbedingt ‚Fremdwörter' sein, sondern können auch im Alltag vorkommen, haben jedoch im Fachkontext eine ganz andere Bedeutung. So denken Sie alltagssprachlich bei Bildungsinstitution normalerweise an ein konkretes Schulgebäude oder eine spezifische Bildungseinrichtung in Ihrer Stadt. Eine Bildungsinstitution im soziologischen Sinn ist jedoch viel umfassender, denn sie verweist auf die übergeordneten Strukturen eines Bildungssystems sowie die damit verbundenen normativen Erwartungen und kulturellen Bedeutungen (Meyer 1977). Was Sie alltagssprachlich unter einer Bildungsinstitution verstehen, ist soziologisch eher eine Organisation der Institution Bildung. Wenn Ihnen also das entsprechende Vorwissen zu soziologischen Fachtermini fehlt, ist es ganz normal, dass es Ihnen schwer fällt, einen wissenschaftlichen Fachtext über Bildung als Institution zu verstehen. Was können Sie tun?

Gerade wenn Sie beginnen, sich in ein neues Themenfeld einzulesen oder gar einen neuen Studiengang beginnen, werden Sie sehr vielen neuen Fachbegriffen begegnen. Hier hilft nur Nachschlagen! Markieren Sie jedes Wort, dessen Bedeutung Sie im Textzusammenhang nicht hundertprozentig verstehen, schlagen Sie es in einem soziologischen Fachwörterbuch nach und notieren Sie die Bedeutung am Rand des Textes oder noch besser: auf einer gesonderten Karteikarte. Bei Fremdwörtern ist zusätzlich auch ein Fremdwörterbuch hilfreich, um eine erste Idee von der Bedeutung eines bestimmten Begriffs zu bekommen (Rost 2006:81). Je mehr Texte Sie aus diesem Themenbereich gelesen haben und je mehr Fachbegriffe Sie sich zu diesem Themengebiet inhaltlich erschlossen haben, desto größer wird Ihr Fachwissen. Wenn Sie dann einen weiteren Text zu Ihrem Thema lesen, wird es zunehmend einfacher, ihn zu lesen und zu verstehen.

Lassen Sie uns den Umgang mit einer schwer verständlichen Textstelle mal an einem Beispiel durchspielen. Beispielsweise schreibt Pierre Bourdieu über die Bedingungen der männlichen Herrschaft:

> „Manifest wird der den Männern universell zuerkannte Vorrang zum einen in der Objektivität der sozialen Strukturen und der produktiven und reproduktiven Tätigkeiten, die auf einer geschlechtlichen Arbeitsteilung der biologischen und sozialen Produktion gründen, welche dem Mann den besseren Part zuweist, und zum anderen in den allen Habitus immanenten Schemata.'
> (Bourdieu 2005:63)

Hier finden wir zum einen eine Reihe von Fremdwörtern, die wir nachschlagen können, z.B. manifest, reproduktiv, Part oder immanent. Zudem enthält der Satz jedoch einige soziologische Fachtermini, wie z.B. Objektivität, soziale Strukturen, gesellschaftliche Arbeitsteilung oder soziale Produktion, von denen einige sogar eine spezifische Bedeutung im theoretischen Werk von Pierre Bourdieu besitzen, wie z.B. Habitus oder Schemata. Gerade Letztere werden Sie nur verstehen, wenn Sie sich schon einmal mit Bourdieus Werk auseinander gesetzt haben.

Neben Fach- und Fremdwörtern stellen komplizierte, verschachtelte Sätze einen weiteren Hinderungsgrund dar, einen Text beim ersten Durchlesen verstehen zu können. Hier schlägt Berninger (2012:66f.) drei Techniken vor, mit deren Hilfe man komplizierte Sätze vereinfachen kann. Erstens können Sie Sätze umformulieren, in denen eine übermäßige Häufung von Hauptwörtern vorkommt. Zweitens können Sie aus Schachtelsätzen zunächst den Hauptsatz bzw. den wesentlichen Inhalt des Satzes herausarbeiten und Nebensätze zu eigenständigen Hauptsätzen umformulieren. Zum dritten können Sie einige Wörter wiederholen, um dadurch das Verständnis bestimmter

Pronomina zu erleichtern. Angewendet auf den Satz von Bourdieu könnte eine Vereinfachung folgendermaßen aussehen:

> „Die Vorrangstellung, die den Männern generell zuerkannt wird, zeigt sich objektiv darin, dass sie in der Sozialstruktur und bei der Aufteilung von produktiven und reproduktiven Tätigkeiten die besseren Positionen innehaben. Diese besseren Positionen gründen auf einer geschlechtlichen Arbeitsteilung, die der biologischen und sozialen Produktion dient. Außerdem zeigt sich die Vorrangstellung der Männer in allen Denk-, Wahrnehmungs- und Verhaltensweisen, die den Habitus einer Person ausmachen."

Auch wenn wir hier nicht alle Fremdwörter übersetzt und die Fachtermini weitestgehend beibehalten haben, erschließt sich der Sinngehalt der Bourdieu'schen Aussage allein dadurch besser, dass wir den Schachtelsatz in mehrere einzelne Sätze zerlegt, die Anhäufung von Substantiven auseinander gezogen und zentrale Wörter, wie „bessere Positionen" oder „Vorrangstellung der Männer" wiederholt haben, um den Sinnbezug klarer herzustellen. Allerdings ist der Text durch diese ‚Übersetzung' auch länger geworden. Fachwörter sind für wissenschaftliche Texte also auch deshalb so wichtig, weil sie einen bestimmten Sachverhalt kurz und prägnant bezeichnen und mehrere Erklärungswörter ersetzen. Allerdings können Fachwörter auch dazu genutzt werden, um triviale Aussagen „aufzublasen" (Rost 2006:82). Eine Übersetzung und damit Vereinfachung eines komplizierten Satzes kann Ihnen somit zeigen, wie viel Gehalt eine Aussage tatsächlich besitzt und ob ein Autor oder eine Autorin viel oder wenig zu sagen hat.

Selbstverständlich kann nicht jeder Satz in einem Text so detailliert betrachtet werden wie wir das gerade mit dem Satz von Bourdieu gemacht haben. Daher stellt sich die Frage, ob es unbedingt notwendig ist, dass Sie wirklich jeden einzelnen

Satz und jedes einzelne Wort inhaltlich verstehen müssen, um den Inhalt eines Textes insgesamt verstehen zu können. Grundsätzlich haben Menschen einen größeren passiven, als aktiven Wortschatz. Dadurch können sie häufig mehr Wörter verstehen als sie aktiv definieren und erläutern können. Meist reicht dieses passive Verständnis, um mit dem Text weiter arbeiten zu können. Dies wird besonders deutlich bei fremdsprachigen Texten, wo Sie zwar nicht jedes einzelne Wort als solches verstehen, jedoch häufig aus dem Zusammenhang den Sinn des Gelesenen erschließen können.

Dennoch sollte es immer Ihr Ziel sein, so viele Wörter wie möglich des Textes inhaltlich nachzuvollziehen. Zudem hatten wir schon darauf hingewiesen, dass das Verständnis von Texten stark von Ihrem Vorwissen abhängt. Wenn Sie zu einem bestimmten Zeitpunkt große Probleme haben, einen Text zu verstehen, ihn für jedoch sehr relevant für Ihre Fragestellung halten, legen Sie ihn einfach eine Zeit lang beiseite. Wenn Sie dann weitere, aber einfachere Texte zum Thema gelesen haben, können Sie sich den schwierigen Text nochmals vornehmen. Dann ist Ihr Vorwissen größer geworden und es fällt Ihnen häufig leichter, auch dieser schwierigen Text zu verstehen. Erst recht, wenn Sie diesen Text zum zweiten oder dritten Mal gelesen haben.

3.5 Wie verwalte ich Literatur?

Unsere bisherigen Ausführungen haben gezeigt, dass es schon während des Lesens und spätestens während des Exzerpierens notwendig wird, die von Ihnen genutzte Literatur zu zitieren und zu dokumentieren. Daher empfehlen wir Ihnen, schon frühzeitig im Studium Ihre Literatur mithilfe einer Software (wie z.B. Citavi oder Endnote) zu verwalten. Die Vorteile von einer solchen Literaturverwaltungssoftware sind vielfältig:

- Sie können die Referenz der Literatur einfach aus dem Internet herunterladen und müssen diese nicht mühsam abtippen (z.B. mit Export/Import-Funktion, Abrufen per ISBN/DOI und Citavi Picker).
- Sie können die von Ihnen bearbeitete Literatur leicht finden und abrufen.
- Sie geben die Literatur nur einmal ein und können diese dann immer wieder verwenden: Die ganze Literatur, die Sie im Studium verwenden, steht Ihnen für verschiedene Hausarbeiten, Referate und für die Abschlussarbeit zitierfähig zur Verfügung.
- Schlagwörter und Kategorien erlauben eine maßgeschneiderte Sortierung nach Ihren Kriterien, es besteht die Möglichkeit wechselseitige Verweise vorzunehmen und Notizen (Exzerpte) anzufügen.
- Sie können Literaturverzeichnisse in verschiedenen Formaten sehr leicht erstellen.

Für welche Software sollten Sie sich entscheiden? Wir sind keine Software-Expertinnen und auch keine Verkäuferinnen oder Vertriebsmitarbeiterinnen, können Ihnen aber aus eigener Erfahrung sowohl Citavi als auch Endnote empfehlen.[2] Fragen Sie in Ihrer Universitätsbibliothek nach, welche Literaturverwaltungssoftware Ihnen empfohlen wird und welche Kurse Sie belegen können, um die Verwendung der Software zu erlernen.

Generell wissen viele Studierende die Nutzung einer Literaturverwaltungssoftware zu schätzen und entwickeln, sobald

---

[2]   Zum aktuellen Zeitpunkt gibt es von der Software Citavi mittlerweile auch eine Version für den Mac und die letzte ‚Student Version' von Word (Microsoft Office) enthält eine praktische Citavi Plugin/Drop-Down-Funktion. Auch Endnote ist bewährt und anwenderinnen- und anwenderfreundlich. Diese Software gibt es nach unserem Wissen allerdings bislang nur in englischer Sprache, nicht auf Deutsch.

sie sich einmal mit deren Funktionen vertraut gemacht haben, schnell ihren persönlichen Nutzungsstil. So meinte zum Beispiel eine erfahrene Studentin, die kurz vor ihrem Studienabschluss stand: „Es ist echt praktisch, aber ich nutze nicht alle Funktionen, die Citavi bereitstellt, sondern nur einige. Ich denke heute, es wäre gut gewesen, wenn ich früher damit angefangen hätte, früher im Studium, denn hätte ich die Texte und Exzerpte heute auch vorliegen und könnte mir viel Zeit sparen!"

Weiterführende Literatur:

Berninger, Ina (2012): Wissenschaftliche Texte lesen und verstehen. In: Berninger, Ina; Botzen, Katrin; Kolle, Christian; Vogl, Dominikus; Watteler, Oliver (Hg.) *Grundlagen sozialwissenschaftlichen Arbeitens. Eine anwendungsorientierte Einführung*. Opladen, Toronto: Barbara Budrich, S.62-71.

Esselborn-Krumbiegel, Helga (2014): *Von der Idee zum Text. Eine Anleitung zum wissenschaftlichen Schreiben. 4. aktualisierte Auflage*. Paderborn: UTB Ferdinand Schöning.

Krajewski, Markus (2013): Elektronische Literaturverwaltung. In: Franck, Norbert; Stary, Joachim (Hg.) *Die Technik wissenschaftlichen Arbeitens: eine praktische Anleitung. 17. überarb. Auflage*. Paderborn: UTB Ferdinand Schöningh. S.91-109.

Stary, Joachim (2013): Wissenschaftliche Literatur lesen und verstehen. In: Franck, Norbert; Stary, Joachim (Hg.) *Die Technik wissenschaftlichen Arbeitens: eine praktische Anleitung. 17. überarb. Auflage*. Paderborn: UTB Ferdinand Schöningh. S.65-90.

Programme zur Literaturverwaltung:

Citavi: http://www.citavi.de/de/studierende.html (Zugriff: 02.04.2015)
Endnote: http://endnote.com/ (Zugriff: 02.04.2015)

4. Wie schreibe ich Essays und Hausarbeiten?

Sie haben eine (zumindest ungefähre) Fragestellung entwickelt, Literatur recherchiert, gesichtet und exzerpiert und mit Hilfe der Mind-Map eine erste Gliederung entworfen. Nun stellt sich die Frage, wann Sie mit dem Schreiben beginnen. Wir raten Ihnen: so früh wie möglich! In diesem Kapitel geben wir Ihnen einige grundsätzliche Hinweise zum Schreiben und gehen genauer auf das Verfassen von Essays und Hausarbeiten ein. Am Schluss finden Sie zudem eine Checkliste für die Überarbeitung Ihres Textes.

4.1 Wann fange ich an zu schreiben?

Vielleicht erscheint es Ihnen verfrüht, wenn wir Ihnen raten, bereits mit dem Schreiben zu beginnen bevor Ihr Lern- und Erkenntnisprozess ,abgeschlossen' ist. Allerdings werden Sie in Ihrem Studium schnell merken, dass dieser Prozess nie wirklich abgeschlossen ist. Das Schöne (und die Krux) an der Wissenschaft ist: Wir lernen nie aus. Im Gegenteil, je mehr wir wissen und uns in ein Thema einarbeiten, umso deutlicher wird uns bewusst, wie wenig wir im Grunde wissen und wie viel mehr wir noch lesen und forschen müssten. Daher können Sie lange warten, bis Sie an einen Punkt kommen, an dem Sie denken: „Jetzt bin ich im Bilde, jetzt weiß ich genug, um mit dem Schreiben zu beginnen." In der Regel sind es die Abgabetermine, die uns zum Schreiben ,zwingen'. Und das hat seine Gefahren. So weist der amerikanische Soziologe Howard Becker (2000) in seinem Buch *Die Kunst des professionellen Schreibens* auf folgendes Problem bei schriftlichen Arbeiten vieler Studierender hin:

„Geschrieben wird – gewöhnlich in der Nacht vor der Abgabe – nur eine einzige Fassung, der eine kurze Gliederung zugrunde liegen kann.' (Becker 2000:26)

Studierende beginnen so spät mit dem Schreiben, dass sie keine Zeit haben, ihre Texte zu überarbeiten. Die Gliederung der Texte ist selten ausgearbeitet. Abgegeben wird quasi der erste und einzige Entwurf. Manche Studierende, so Becker, bringen auf diese Weise „durchaus achtbare, wohlformulierte Texte" (ebd.) zustande, wissen aber, dass ihre Arbeiten im Grunde besser sein könnten. Er schlägt vor, frühzeitig mit dem Schreiben zu beginnen – und führt zwei Hauptgründe an (ebd.): Zum einen sei die Auffassung, wir müssten *erst* ‚zu Ende' denken und *dann* schreiben ein Irrtum. Dieser Auffassung liegt ein verkürztes Verständnis vom Schreiben zugrunde, das der Kreativität und Prozesshaftigkeit des Schreibens und seiner Bedeutung für das Entwickeln einer wissenschaftlichen Argumentation nicht gerecht wird. Denn Schreiben ist Denken: Unsere Gedanken nehmen beim Formulieren von Sätzen Form an. Das heißt, wir denken beim Schreiben ‚zu Ende' und sollten diesen Formulierungs- und Denkprozess so frühzeitig beginnen, dass unsere Gedanken und Argumente eine möglichst klare Form annehmen können.[1] Zum anderen führt das späte Schreiben dazu, dass die Zeit zur Überarbeitung fehlt und die Studierenden beim Schreiben wissen, dass ihre ersten Formulierungen auch ihre endgültigen sind – was ihre Angst verstärkt, etwas

---

[1]   Ähnliches hat Heinrich von Kleist (1805) über das Sprechen gesagt: Auch das Sprechen hilft dabei, Gedanken und wissenschaftliche Argumente, die noch nicht ganz ausgereift sind, weiter zu entwickeln und in Form zu bringen. Genau aus diesem Grund sind mündliche Präsentationen von Zwischenergebnissen (z.B. in Form eines Referats im Seminar) oft sehr produktiv (siehe Kapitel 6). Allerdings unterscheidet sich die wissenschaftliche Kommunikation in Schriftform von mündlichen Formen der Kommunikation, weil „man aus der Echtzeit der parallelen Operativität von Denken und Sprechen entlassen ist" (Armin Nassehi, persönliche Kommunikation). Das heißt, wir haben beim Schreiben mehr Zeit zum Denken, als beim Sprechen.

falsch zu machen und das Schreiben erschwert. Vielen Studierenden ist nicht bewusst, dass professionelle Sozialwissenschaftlerinnen und Sozialwissenschaftler (Becker inklusive) ihre Texte in der Regel mehrfach überarbeiten – und teilweise auch professionell lektorieren lassen – bevor sie sie veröffentlichen.

Die Be- und Überarbeitung von Texten ist also eine grundlegende Technik des wissenschaftlichen Arbeitens, die im Studium allerdings oft zu kurz kommt. Die Bearbeitung von Texten zu erlernen, ist den einzelnen Studierenden oft selbst überlassen und wird nur selten in Lehrveranstaltungen vermittelt. Wenn überhaupt, dann bekommen Studierende nach Abgabe ihrer schriftlichen Prüfungsleistungen außerhalb der Lehrveranstaltungen, z.B. in Sprechstunden, Feedback von ihren Betreuerinnen und Betreuern – dann ist es jedoch meist zu spät, dieses Feedback zu nutzen, denn die Texte werden zu diesem Zeitpunkt nicht weiter überarbeitet und verbessert. Es empfiehlt sich daher, dem Rat von Becker folgend, frühzeitig mit dem Schreiben zu beginnen und sich aktiv um Feedback zu bemühen – nicht nur von Dozentinnen und Dozenten, sondern auch von den Kommilitonen und Kommilitoninnen sowie weiteren Personen, die es verstehen, konstruktives Feedback zu geben. In Kapitel 6 gehen wir genauer auf Fragen des Zeitmanagements und der Gruppenarbeit ein.

Nehmen wir an, Sie folgen unserem Rat (was ab und zu vorkommen soll) und fangen tatsächlich frühzeitig mit dem Schreiben an – nun stellt sich die Frage: „*Wo* fangen Sie an?" Schreiben Sie den Text von ‚vorne' nach ‚hinten' und beginnen bei dem Titel und der Einleitung? – Nein. Titel und Einleitung werden üblicherweise zum Schluss geschrieben, wenn man weiß, ‚wohin die Reise geht', denn das weiß man zu Beginn des Schreibprozesses noch nicht so genau wie am Schluss. Fangen Sie besser bei dem Teil an, der Ihnen leicht fällt. Und scheuen Sie sich nicht, noch nicht ganz ausgereifte Gedanken zu Papier zu bringen – Sie haben ja ausreichend Zeit, um Ihre Worte und Absätze noch einmal zu überarbeiten. Weitere Hinweise zum Schreiben und zur Überarbeitung finden Sie am Schluss des Kapitels (S. 121ff.).

Fassen wir die schriftlichen ‚Produkte' ins Auge, die Sie während Ihres Studiums generieren werden. Neben Exzerpten und Textzusammenfassungen verfassen Sie während Ihres Soziologiestudiums vor allem zwei Textformen in unterschiedlichen Variationen: Essays und Hausarbeiten. Auf diese beiden Textformen gehen wir nun im Folgenden genauer ein.

4.2 Was ist ein Essay und wie schreibe ich es?

Der oder das Essay (beide Artikel sind möglich) ist eine offene Textgattung, die sehr unterschiedliche Formen und Funktionen haben kann. Grundsätzlich basiert ein Essay auf der Rezeption und Besprechung wissenschaftlicher Texte. Im Unterschied zu einem Exzerpt oder einer Textzusammenfassung hat ein Essay allerdings a) eine bestimmte Fragestellung, b) eine formale Struktur (z.B. mindestens: Einleitung, Hauptteil, Schluss) und c) eine kritische Einschätzung und Diskussion der Literatur. Essays ähneln in dieser Hinsicht einer Hausarbeit, sind aber im Umfang deutlich kürzer als diese und basieren nicht auf eigenen empirischen Arbeiten.

Das Essay (franz. essai = Versuch, Kostprobe) ist keine fest umrissene Textsorte. Er bietet einen großen Spielraum für verschiedene Aufgabenstellungen sowie Ausdrucks- und Gestaltungsmöglichkeiten. Kaum ein gelungener Essay gleicht einem anderen. Zentral für unser Verständnis eines Essays ist, dass Sie sich als Verfasserin oder Verfasser kritisch mit einer Thematik auseinandersetzen und sozialwissenschaftlich begründet eine eigene Position darlegen. Ein Essay ist also nicht rein deskriptiv, d.h. er besteht nicht nur aus der Wiedergabe des Inhalts von anderen Texten. Vielmehr enthält er eine eigene Gedankenleistung, die verschiedene Formen annehmen kann, etwa die Anwendung eines soziologischen Begriffes auf einen selbst gewählten Gegenstand, den Vergleich zweier Texte bzw. Autorinnen oder Autoren, oder Kritik an ihnen. Anders als in einer Hausarbeit kommt es bei der Bearbeitung der Fragestellung weniger auf Vollständigkeit und Detailwissen an, als vielmehr darauf, einen (eigenen) Gedanken vor den Augen der Leserin oder des Lesers zu entwickeln. Auch wegen des geringeren Umfangs ist die Fragestellung eines Essays oft ‚enger' gefasst als die einer Hausarbeit.

4.2.1 Inhaltliche Gliederungspunkte eines Essays

Ein Essay beinhaltet in der Regel eine Einleitung, einen Hauptteil (bestehend aus einer zusammenfassenden Darstellung der wichtigsten Aussagen und Argumente der behandelten Literatur und einer kritischen Diskussion) und einen Schluss. Hinzu kommen weitere Komponenten wie ein Literaturverzeichnis und eine Eigenständigkeitserklärung.[2] Während nicht-wissenschaftliche Essays in Zeitungen oder Magazinen üblicherweise nicht den wissenschaftlichen Zitations-Standards entsprechen, sind Sie beim Verfassen eines Essays im Rahmen Ihres Soziologiestudiums dazu aufgefordert, nach den wissenschaftlichen Regeln zu zitieren (siehe Kapitel 5).

Einleitung

Ausgangs- und Mittelpunkt eines jeden Essays ist die Fragestellung, die vorgegeben ist oder selbst entwickelt sein kann (siehe Kapitel 1). Die Einleitung leistet einen Einstieg in den Essay und kann über einen passenden ‚Aufhänger' erfolgen, der einen aktuellen Bezug zum Thema schafft (z.B. ein Ereignis, eine Beobachtung oder eine in den Medien dargestellte Diskussion).[3] Anschließend werden das Thema und die Fragestellung des Essays vorgestellt. Dabei sollten die Relevanz und die soziologische Perspektive auf den Gegenstand deutlich werden. Die Einleitung kann zudem einen Ausblick auf das zentrale Argument oder den Aufbau des Essays geben. Folgende Fragen helfen beim Verfassen der Einleitung:

- Welche Frage soll mit dem Essay beantwortet werden?
- Warum ist diese Frage soziologisch relevant?

---

[2]   Üblicherweise finden Sie Vordrucke für Eigenständigkeitserklärungen bei der Studiengangskoordination oder dem Prüfungsamt Ihrer Universität oder Hochschule. Mit der Eigenständigkeitserklärung bestätigen Sie, dass Sie die vorliegende Arbeit selbstständig verfasst, alle Zitate kenntlich gemacht sowie die Quellen vollständig und nach wissenschaftlichen Standards aufgeführt haben.

[3]   Die Einleitung ist in wissenschaftlichen Arbeiten der einzige Ort, wo Sie zum Einstieg in das Thema auch nicht-wissenschaftliche Quellen zitieren können (vgl. beispielsweise unsere Einleitung, wo wir aus einem Artikel einer Tageszeitung zitieren, S. 11).

- Was ist die leitende These oder Argumentationslinie des Essays?
- Anhand welcher Texte wird diese These entwickelt?
- Wie ist der Essay aufgebaut?

Hauptteil

Bevor nun im Hauptteil eine eigene Argumentationslinie entwickelt wird, werden zunächst die Hauptaussagen der Texte, auf die sich das Essay bezieht, zusammenfassend wiedergegeben. Trotz oder vielleicht auch gerade wegen der ‚engen‘ Fragestellung sollte deutlich werden, in welchen größeren Zusammenhang das Thema eingebunden ist. Die vorgestellte Literatur wird anschließend diskutiert, d.h. eingeschätzt und bewertet. Obwohl eine Besprechung der Literatur, bei der Zusammenfassung und Diskussion ineinandergreifen, sich häufig schöner liest, stellen wir die beiden Schritte hier getrennt dar, um die beiden Ebenen der Textbesprechung (Zusammenfassung und Diskussion/Kritik) konzeptionell voneinander zu unterscheiden.

Folgende Aspekte können bei der Zusammenfassung der Literatur hilfreich sein:
- Was ist zum Thema des Essays bereits bekannt?
- Was sind die Hauptthesen und -aussagen der behandelten Texte?
- Wie verlaufen die Argumentationslinien?
- Wie lassen sich die Texte in das Thema des Seminars einordnen?
- Wenn Sie Texte vergleichen: In welchem Bezug stehen die Texte zueinander? Beleuchten die Texte die Thematik aus ähnlichen oder aus unterschiedlichen Blickwinkeln?
- Mit welchen Begriffen und theoretischen Annahmen wird gearbeitet?

- Was sind jeweils interessante Punkte oder neue Erkenntnisse? Was ist das Besondere; wodurch unterscheidet sich der eine Text vom anderen?

Neben der inhaltlichen Zusammenfassung und Darstellung der Texte (die aber im Unterschied zum Exzerpt nicht den gesamten Text umfassen muss) ist es Ziel eines Essays, einen eigenen Standpunkt bzw. eine eigene Position im Hinblick auf die Beantwortung der Frage zu entwickeln. Dies kann nur in der kritischen Auseinandersetzung mit verschiedenen Positionen, also in der Diskussion der Texte, entstehen und ausgeführt werden. Diese Aufgabe erfordert ein gründliches Abwägen der Argumente und die bewusste Entscheidung für eine Argumentationslinie. Die Unterscheidung zwischen textimmanenter und -exmanenter Kritik kann bei der Diskussion hilfreich sein:

- ‚Immanente Kritik' bezieht sich auf die innere Logik des Textes: Haben die Autorinnen und Autoren sich kompetent mit der Fragestellung auseinander gesetzt? Sind die Argumentationslinien nachvollziehbar und überzeugen, d.h. gut begründet? Gibt es Widersprüche oder Brüche in der Argumentation? Ist das Forschungsdesign überzeugend und passend zur Fragestellung und zum theoretischen Rahmen? Sind die empirischen Belege überzeugend und nachvollziehbar?
- ‚Exmanente' Kritik (also die ‚Kritik von außen') bezieht weitere Texte und Debatten mit ein, um den Inhalt der behandelten Texte einordnen und bewerten zu können: Falls andere Literatur zum Thema bekannt ist, unterstreicht sie die vorgebrachten Argumente oder stellt sie andere Thesen auf? Werden empirische Befunde angeführt, die die Thesen der diskutierten Texte unterstützen oder widerlegen? Welche Gegenargumente können angeführt, welche alternativen Perspektiven könnten eingenommen werden?

Schlussteil

Der Schlussteil fasst Ihre zentrale Argumentation noch einmal kurz zusammen und zieht ein Fazit. Sie skizzieren offene Fragen oder weiteren Forschungsbedarf, reichen jedoch auf keinen Fall neue inhaltliche Argumente nach. Die Berücksichtigung folgender Aspekte kann für das Fazit hilfreich sein:

- Was sind die generellen Erkenntnisse aus den behandelten Texten?
- Welche Verkürzungen weisen sie auf und welche Fragen lassen sie unbeantwortet?
- Welche neuen Perspektiven oder Fragestellungen eröffnen sich durch die Lektüre?
- An welche anderen Diskussionen knüpfen diese neuen Fragestellungen an?

Zur Verdeutlichung dieser inhaltlichen Punkte, wie Sie ein Essay schreiben können, haben wir Ihnen ein gelungenes Beispiel online gestellt. Sie finden es unter www.utb-shop.de/9783825243142.

4.2.2 Formale Gestaltungsmerkmale eines Essays

Wie eingangs erwähnt, können Essays sehr unterschiedliche Formen annehmen. Ausschlaggebend ist die jeweilige Aufgabenstellung in der Lehrveranstaltung. Wenn Sie unsicher sind, was genau von Ihnen erwartet wird, fragen Sie bei Ihrem Betreuer oder Ihrer Dozentin nach. In unseren Lehrveranstaltungen erwarten wir von einem Essay folgende formale Gestaltungsmerkmale:

- Die Arbeit beginnt mit einem Deckblatt (siehe Beispiel S. 120).

- Sie endet mit dem Literaturverzeichnis (siehe Kapitel 5) sowie der Eigenständigkeitserklärung.
- Auf ein Inhaltsverzeichnis wird beim Essay üblicherweise verzichtet.
- Der Hauptteil (Zusammenfassung und Diskussion) ist der umfangreichste Teil des Essays – Einleitung und Schlussteil machen üblicherweise nicht mehr als ca. 20% vom Umfang der Arbeit aus.
- Untergliedern Sie Ihren Essay sinnvoll in Absätze. Als Daumenregel sollte gelten, dass kein einzelner Satz ein eigener Absatz sein kann und dass es in der Regel auch nicht nur einen Absatz je Seite geben kann. Achten Sie auf die Übergänge zwischen den einzelnen Absätzen.
- Da es beim Essay um die Entwicklung eines eigenen Gedankens geht, sollte auf Anmerkungen und Fußnoten weitestgehend verzichtet werden.
- Weitere Hinweise zum Schreiben finden Sie in Abschnitt 4.5, S. 121

4.3 Wie schreibe ich eine Hausarbeit?

Neben wissenschaftlichen Essays sind Hausarbeiten die zweite Textform, die Sie in Ihrem Studium regelmäßig erstellen. Hausarbeiten haben das Ziel, eine Forschungsfrage, die sich thematisch auf die besuchte Lehrveranstaltung bezieht, in einem schlüssigen Argumentationsgang und unter Bezugnahme auf wissenschaftliche Literatur und ggf. empirische Arbeiten zu beantworten.

Das Thema der Hausarbeit als Prüfungsleistung wird zwar durch die Thematik des besuchten Seminars eingegrenzt, die Fragestellung wird jedoch üblicherweise von den Studierenden selbst (in Einzel- oder Gruppenarbeit) entwickelt und präzisiert (siehe Kapitel 1). Ihre Fragestellung sollte klar definiert und in ein oder zwei Sätzen formulierbar sein (als These oder als Frage). Eine der häufigsten Schwierigkeiten besteht in der Eingrenzung einer sinnvollen und im Rahmen einer Hausarbeit auch zu bearbeitenden Fragestellung. Dafür gibt es generell weder verbindliche Regeln noch allgemein anerkannte Kriterien. Ziehen Sie im Zweifelsfall Ihre Dozentin oder Ihren Dozenten zu Rate.

Hausarbeiten haben sehr unterschiedliche Formate. Auch hier gilt es wieder, die spezifische Aufgabenstellung Ihrer Lehrveranstaltung zu beachten. Wir unterscheiden grundsätzlich zwei Formate von Hausarbeiten: Die Fragestellung kann in Form einer reinen Literaturarbeit (Format A) oder einer empirischen Arbeit (Format B) bearbeitet werden. Sie werden sehen: Das Format A ist einem ausführlichen Essay in vielen Punkten sehr ähnlich, während sich das Format B wesentlich von einem Essay unterscheidet.

4.3.1 Struktur einer Literaturarbeit (Format A)

Eine Hausarbeit, die auf Basis wissenschaftlicher Literatur (aber nicht auf Basis eigener empirischer Arbeiten) verfasst wird, enthält in der Regel ein Inhaltsverzeichnis, eine Einleitung, einen Hauptteil und einen Schluss sowie ein entsprechendes Literaturverzeichnis. Nach dem Literaturverzeichnis ist eine unterzeichnete Eigenständigkeitserklärung (siehe Fußnote 2 in diesem Kapitel, S. 104) angehängt.

Einleitung

Die Einleitung führt in das Thema ein und legt die Fragestellung dar. Die Frage wird hergeleitet, ausgearbeitet, zugespitzt und begründet. Die so entwickelte Leitfrage zieht sich in den folgenden Kapiteln wie ein roter Faden durch die Argumentation der Arbeit. Insofern ist es dienlich, eine möglichst konkrete Frage zu formulieren. Die soziologische Relevanz wird dargestellt, d.h. die Fragestellung wird im Kontext allgemeiner soziologischer und gesellschaftlicher Problemstellungen begründet. Zuletzt kündigen Sie die Hauptergebnisse und den Aufbau der Arbeit an. Ihre Leserinnen und Leser sollen in der Einleitung erfahren, was sie bei der weiteren Lektüre erwartet.

Hauptteil

Der Hauptteil behandelt die konkrete Fragestellung der Arbeit in einer angemessenen Breite und Tiefe. Sie geben einen Überblick über den Stand der Forschung im jeweiligen Themengebiet, legen ggf. einzelne Schlüsseltexte etwas breiter dar und entwickeln eine eigene Position in der Bewertung der herangezogenen Literatur.

Was heißt, einen Überblick über den „Stand der Forschung" zu geben? Bei Ihrer Recherche wird Ihnen aufgefallen sein, dass zu Ihrem Thema sowohl theoretische Arbeiten als auch empirische Befunde und Studien vorliegen (das ist zumindest bei den meisten Themen der Fall).[4] Den Stand der Forschung darzustellen, bedeutet, die Ergebnisse Ihrer Recherchen zusammenzufassen und darzustellen, wie das Thema bislang soziologisch erforscht wurde:

- Mit welchen theoretischen Ansätzen und Begriffen wird das Thema in der Soziologie bearbeitet?
- Mit welchen Modellen, Hypothesen und Fragestellungen wurde das Thema untersucht?
- Wenn empirische Studien vorliegen: Wie gehen sie vor und zu welchen Ergebnissen kommen sie?

---

[4]   Zur Klärung der Begriffe Theorie und Empirie, siehe Kapitel 1, S. 21ff..

• Generell: Welche Gemeinsamkeiten und Unterschiede gibt es, sowohl in den theoretischen Perspektiven als auch bei den empirischen Ergebnissen?

Der Fokus liegt auf neueren Arbeiten (d.h. dem aktuellen Stand der Forschung), aber in vielen Fällen gibt es weiter zurückliegende Arbeiten, in denen theoretische Zusammenhänge skizziert, Begriffe eingeführt, Daten erhoben und Analysen vorgenommen wurden, die noch heute relevant sind. Eventuell gibt es auch eine ‚klassische' Studie, in der ein bestimmtes Thema zum ersten Mal erforscht wurde. Zum Beispiel ist die Studie *Die Arbeitslosen von Marienthal* (Jahoda, Lazarsfeld & Zeisel 1975 [1933]) ein solcher Klassiker der sozialwissenschaftlichen Forschung zu Arbeitslosigkeit. In einer soziologischen Hausarbeit zum Thema Arbeitslosigkeit könnte diese Studie auch heute noch (fast 100 Jahre nach ihrer Durchführung) erwähnt werden.

Theoretische Ansätze und empirische Arbeiten können getrennt voneinander dargestellt werden (was einen interessanten Spannungsbogen erzeugen kann). Häufig ist jedoch eine integrierte Darstellung sinnvoll, da jede empirische Studie (ausgesprochene oder unausgesprochene) theoretische Vorannahmen enthält und fast jede theoretische Überlegung auch auf ihre empirische Gültigkeit hin überprüft werden kann. Es wird erwartet, dass Sie die Literatur nicht nur nacheinander vorstellen und ‚abarbeiten', sondern auch aufeinander beziehen und kritisch einschätzen. Sind die Begriffe klar und stimmig definiert? Deckt sich Theorie A mit Theorie B oder inwiefern widerspricht sie ihr? Wird eine Theorie oder Hypothese durch empirische Befunde belegt oder widerlegt? Zu welchen Ergebnissen kommen qualitative Studien? Welche Fragen bleiben offen? Oftmals lässt erst das Inbeziehungsetzen der zitierten Literatur erkennbar werden, dass Sie die Texte wirklich durchgearbeitet und verstanden haben.

Für manche Themen und Fragestellungen existieren Schlüsseltexte, d.h. klassische oder aktuelle wissenschaftliche Arbeiten, die einen so großen Einfluss auf den wissenschaftlichen Diskurs gehabt haben, dass man an ihnen ‚nicht vorbeikommt' und ihnen entsprechenden Raum widmet. Dennoch gilt auch in diesen Fällen, dass eine seitenlange Paraphrasierung von Schlüsseltexten nicht erwünscht ist. Arbeiten Sie stattdessen die Kernargumente der jeweiligen Autorin oder des Autors kompakt heraus und illustrieren Sie diese mit Zitaten. In manchen Fällen kann die Verwendung eines Schaubildes oder einer Übersichtstabelle hilfreich sein, z.B. wenn eine Theorie eine kausale Verknüpfung verschiedener Variablen postuliert, wenn ein Prozessmodell abzubilden ist oder wenn verschiedene soziale Gruppen mit typischen Merkmalsausprägungen komprimiert dargestellt werden sollen. Solche Abbildungen können Sie aus den zitierten Werken (unter Angabe der Quelle) übernehmen oder selbst entwerfen. Hilfreich kann auch das Zitieren oder die eigene Aufstellung einer Zahlentabelle sein, wenn etwa die statistischen Ergebnisse einer zentralen Studie präsentiert werden. Im begleitenden Text muss nicht die gesamte Abbildung oder Tabelle erläutert werden, sondern die Erläuterung erfolgt im Hinblick auf den Kerngehalt bzw. nur soweit, dass der Leser oder die Leserin die Abbildung bzw. Tabelle selbsterklärend rezipieren kann.

Wie nehmen Sie nun eine Bewertung der zitierten Literatur vor und entwickeln eine eigene Position? Ähnlich wie bei einem Essay ist eine wesentliche Zielsetzung von Hausarbeiten das Einüben des kritischen Umgangs mit zitierter Literatur. Um theoretische Argumente oder empirische Evidenz auf ihre Stichhaltigkeit zu überprüfen, können Sie Kritik heranziehen, die in der Sekundärliteratur[5] an einem bestimmten Werk geübt wird, aber es wird in jedem Fall erwartet, dass Sie auch eine eigene Bewertung vornehmen. Häufig ergibt sich eine kritische Einschätzung daraus, dass Fragen offenbleiben, sich verschiedene theoretische Ansätze in ihrer Argumenten widersprechen oder dass empirische Befunde voneinander abweichen. Eine Bewertung kann sich an folgenden Kritikdimensionen orientieren:

- Theoretische Argumente: Sind die Argumente präzise formuliert, widerspruchsfrei, stringent und lückenlos? Treffen sie den in Frage stehenden Untersuchungsgegenstand in seinem Kern? Sind sie in dem Sinne voraussetzungsvoll, dass implizite – und möglicherweise unrealistische – Annahmen gemacht werden (z.B. über die Handlungslogik von Akteurinnen und Akteuren)? Sind sie in ihrer raumzeitlichen Reichweite auf bestimmte Kontexte begrenzt? Sind sie anschlussfähig an andere, ggf. übergeordnete theoretische Paradigmen?

- Empirische Befunde: Sind das gewählte Untersuchungsdesign und das herangezogene Datenmaterial sinnvoll zur Überprüfung der Fragestellung und der theoretischen Annahmen?

- Bei *quantitativen* Studien: Wie ist die Datenqualität einzuschätzen? Sind theoretische Konstrukte durch empirische Indikatoren valide erfasst worden? Werden die Schlussfolgerungen durch die präsentierte empirische Evidenz gedeckt – oder werden unzulässige Interpretationen vorgenommen? Wurden die Befunde in anderen Studien repliziert? Lassen sich die empirischen Ergebnisse überzeugend theoretisch erklären?

- Bei *qualitativen* Studien: Wurde die Methodenwahl begründet? Entspricht das Vorgehen den zentralen Prinzipi-

---

en (z.B. Offenheit, gegenstandsangemessene Methoden-wahl, etc.) und dem interpretativen Paradigma der qualitativen Forschung? Wie genau wurden die Daten er-hoben und ausgewertet? Sind die Ergebnisse durch Zitate abgestützt und die Interpretationen nachvollziehbar? *Generell:* Werden die Limitationen der Studie und ggf. weiterer Forschungsbedarf reflektiert? Werden stimmige und nachvollziehbare Bezüge zwischen Empirie und The-orie hergestellt?

Sie werden allerdings recht bald merken, dass viele wissen-schaftliche Publikationen diesen Kriterien nicht genügen[6] – und ohnehin ist fast jede Publikation in der einen oder anderen Weise diskutierbar. Sie sollten lernen, sich nicht von abstrakten und wohlklingenden – eventuell aber inhaltsarmen – Argu-mentationsgängen beeindrucken zu lassen, sondern den Grundsatz beherzigen, dass sich die Güte eines wissenschaft-lichen Textes immer auch daran bemisst, dass sie für die Leser-schaft – natürlich im Rahmen gewisser Fachtermini – nachvoll-ziehbar verfasst worden ist. Aber: Auch die von Ihnen geäußerte Kritik muss wohlbegründet sein. Greifen Sie deshalb ausgewählte Kritikpunkte heraus und begründen Sie dezidiert, warum Ihnen die zitierte Literatur theoretisch oder empirisch überzeugend oder eben nicht plausibel erscheint. Während kritische Einwände direkt im Anschluss an einzelne Arbeiten angebracht werden können, empfiehlt sich die Platzierung einer umfassenderen, vergleichenden Bewertung bzw. einer eigenen Position am Ende des Hauptteils der Hausarbeit.

Schlussteil

Der Schlussteil der Hausarbeit greift die in der Einleitung ge-stellten Fragen auf und fasst die wichtigsten Ergebnisse und

---

6   Und auch die Kriterien zur Bewertung werden kontrovers diskutiert.

Aussagen noch einmal zusammen. Sie sollten deutlich machen, welche Schlussfolgerungen aus Ihrer Arbeit abgeleitet werden können. Kommentieren Sie Ihre Arbeit kritisch und geben Sie ggf. einen Ausblick darauf, welche Implikationen die Ergebnisse für die Praxis haben und wie die Ergebnisse konkret zu verwenden sind. Stellen Sie einen Bezug zu der in der Einleitung aufgeführten Frage- bzw. Problemstellung her und gewähren Sie einen Ausblick auf weiterführende Fragestellungen, die durch die Ergebnisse Ihrer Arbeit entstanden sind.

Zur Verdeutlichung dieser inhaltlichen Punkte einer literaturbasierten Hausarbeit haben wir Ihnen ebenfalls ein gelungenes Beispiel online gestellt. Sehen Sie es sich an unter www.utb-shop.de/9783825243142.

4.3.2 Struktur einer empirischen Hausarbeit (Format B)

Hausarbeiten zu empirischen Arbeiten, die Sie selbst (in Einzel- oder Gruppenarbeit) durchgeführt haben, unterscheiden sich im Format von reinen Literaturarbeiten. Sie sind häufig etwas ausführlicher, also auch umfangreicher, und enthalten zusätzliche Abschnitte zur Methodik und den Ergebnissen sowie einen Anhang.

Die **Einleitung** ist bei empirischen Hausarbeiten dagegen oft etwas kürzer. Sie führt zum Thema hin und stellt die Zielsetzung und den Aufbau der Arbeit vor.

Ein Kapitel zum **Hintergrund** stellt das Thema, die theoretische Rahmung und den Forschungsstand dar: Was wissen wir bereits, welche wissenschaftlichen Fragen sind offen?

Daraus wird die konkrete **Forschungsfrage** der Arbeit abgeleitet und ihre Relevanz begründet. Definieren Sie zentrale Begriffe und stellen Sie den konzeptuellen Rahmen Ihrer Fragestellung dar. Bei quantitativen Arbeiten leiten Sie daraus Ihre Hypothesen ab.

In dem Abschnitt zur **Methodik** legen Sie dar, wie Sie methodisch vorgegangen sind, um die Forschungsfrage zu beantworten. Begründen Sie, warum Sie eine bestimmte Methodologie gewählt haben. Erläutern Sie die Methode/n der Datenerhebung und -auswertung. Wie haben Sie den Feldzugang hergestellt? Nach welchen Kriterien wurden z.B. Interview-Partnerinnen und -Partner ausgesucht? Inwiefern haben Sie forschungsethische Grundsätze[7] berücksichtigt (z.B. informiertes Einverständnis, Vertraulichkeit und Anonymisierung)? An welchen Gütekriterien haben Sie sich orientiert? Beschreiben Sie Ihre Datenquellen, geben Sie ggf. einen Überblick über Ihr Sample, z.B. in Form einer (anonymisierten) Tabelle, und wie Sie ggf. Ihre theoretischen Konstrukte operationalisiert haben.

Anschließend stellen Sie die **Ergebnisse** Ihrer Analyse dar. Falls Sie qualitativ geforscht haben, zitieren Sie aus dem Material, um Ihre Analyse nachvollziehbar und aussagekräftig zu machen. Kontextualisieren Sie Ihre Zitate. Legen Sie dar, in welchem Kontext eine Aussage oder Beobachtung gemacht wurde (nennen Sie beispielsweise die Frage, auf die geantwortet wurde). Rahmen und interpretieren Sie die Aussagen, beziehen Sie sie aufeinander. Ein bloßes Aneinanderreihen von Zitaten reicht nicht aus. Vergleichen und kontrastieren Sie die Aussagen und Ergebnisse, zeichnen Sie ein komplexes Bild. Bei quantitativen Arbeiten reicht es nicht, wenn Sie nur Größe und Richtung bzw. Signifikanz der entsprechenden Zusammenhänge und Koeffizienten vorstellen. Wichtig ist, dass Sie diese empirischen Befunde immer an die theoretischen Überlegungen zurückbinden und vor dem Hintergrund Ihrer Hypothesen diskutieren.

Diskussion und Schlussfolgerung: Abschließend diskutieren Sie Ihre zentralen Ergebnisse vor dem Hintergrund der

---

[7]   Siehe Ethik-Kodex der Deutschen Gesellschaft für Soziologie (DGS) und des Berufsverbandes deutscher Soziologinnen und Soziologen (BDS): http://www.soziologie.de/de/die-dgs/ethik-kodex.html (Zugriff: 28.04.2014).

eingangs aufgeführten Literatur und theoretischen Rahmung. Wie verhalten sich Ihre Ergebnisse zur Literatur? Haben Sie etwas Neues herausgefunden, oder einen bereits bekannten Aspekt weiter vertieft? Benennen Sie die Limitationen Ihrer Studie und setzen Sie sich kritisch-reflexiv mit dem eigenen Vorgehen auseinander. Identifizieren Sie offene Fragen und weiteren Forschungsbedarf und diskutieren Sie ggf. einen möglichen Handlungsbezug der Ergebnisse.

Nach dem **Literaturverzeichnis** und der **Eigenständig-keitserklärung** fügen Sie einen **Anhang** ein. Dieser kann z.B. Ihren Fragebogen oder Interview-Leitfaden, die Studieninformation, die Transkriptions-Legende sowie Ihre Transkripte enthalten. Oft ist es üblich, den Anhang nicht ausgedruckt, sondern auf CD-Rom zu brennen oder auf einem anderen digitalen Speichermedium anzufügen.

4.3.3 Essays und Hausarbeiten im Vergleich

Lassen Sie uns die Merkmale der bisher besprochenen Textformen und Formate zusammenfassend vergleichen. Zwischen Essays und Hausarbeiten bestehen sowohl Ähnlichkeiten (in der Tat können die Übergänge zwischen Essays und Hausarbeiten fließend sein) als auch Unterschiede. Fangen wir mit den Ähnlichkeiten an: Sowohl bei Essays als auch bei Hausarbeiten besteht Ihre Aufgabe darin, eine Fragestellung zu bearbeiten, die über die reine Reproduktion fremder Texte hinausgeht. Sie entwickeln eigene Gedanken, stellen Bezüge her und nehmen eine eigene Sichtweise auf das Thema ein. Sie entwickeln eine eigene Argumentation, in dem Sie die vorgefundenen Erkenntnisse verwenden und neu kombinieren. Sie fügen etwas hinzu, das von Ihnen als Autorin oder Autor stammt (Ihre Perspektive und Kritik, eigene Fragen, neue Bezüge, etc.). Eine Hausarbeit hat jedoch üblicherweise einen größeren Umfang als ein Essay und erlaubt es, mehr in die Tiefe und ins Detail zu gehen. So wird die eigene Argumentation z.b. stärker in der vorhandenen Literatur verortet und der Überblick über die Literatur bzw. den Stand der Forschung ist umfangreicher als im Essay. Außerdem können Hausarbeiten im Unterschied zum Essay auch Darstellungen und Analysen eigener empirischer Daten beinhalten. Dementsprechend sind die Gliederungspunkte anders organisiert und stärker ausdifferenziert (vgl. Abbildung 7).

Abbildung 7: Gliederungen von Essays und Hausarbeiten im Vergleich

Essay	Hausarbeit: Literaturarbeit (Format A)	Hausarbeit: Empirische Arbeit (Format B)

• Einleitung
• Hauptteil
• Schluss
• Literaturverzeichnis
	• Inhaltsverzeichnis
	• Einleitung
	• Hauptteil
	• Schluss
	• Literaturverzeichnis
		• Inhaltsverzeichnis
		• Einleitung
		• Hintergrund
		  (Thema, Theorie,
		  Stand der
		  Forschung)
		• Fragestellung/
		  Hypothesen
		• Methodik
		• Ergebnisse
		• Diskussion
		• Schluss
		• Literaturverzeichnis
		• Eigenständigkeits-
		  erklärung

4.4 Hinweise zur formalen Gestaltung von Essays und Hausarbeiten

Es gibt nicht *einen* Standard für die formale Gestaltung von Essays und Hausarbeiten. Grundsätzlich sind die jeweiligen Vorgaben der Lehrveranstaltung bzw. der Lehrenden ausschlaggebend. Im Hinblick auf Essays und Hausarbeiten, die im Rahmen unserer Lehrveranstaltungen von Studierenden verfasst werden, gelten folgende Richtwerte:

Das Deckblatt enthält folgende Angaben: Titel der Hausarbeit oder des Essays, Name des Studierenden, Matrikelnummer, Datum der Abgabe, Titel der Lehrveranstaltung, Namen der Dozentin/des Dozenten (optional: Foto, Illustration); (für ein Beispiel siehe Abbildung 8).

- Das Inhaltverzeichnis (nur bei Hausarbeiten) ist numerisch nach arabischen Zahlen gegliedert (1.1, 1.1.1 etc.) und enthält bis zu drei Gliederungsebenen (c.h. maximal 1.1.1); (für ein Beispiel siehe unsere Online-Zusatzmaterialien unter www.utb-shop.de/9783825243142).
- Die Seiten sind ab dem Inhaltsverzeichnis nummeriert.
- Der Text hat eine Schriftgröße von 11 oder 12 Punkt (z.B. in Arial oder Times New Roman).
- Zeilenabstand: 1,5 Zeilen.
- Ränder: 2-3 cm.
- Der Text ist im Blocksatz oder linksbündig formatiert.
- Längere Zitate sind eingerückt (siehe Kapitel 5.4).
- Eine Zitierweise wird konsistent verwendet (siehe Kapitel 5.4).
- Die üblichen Regeln der Grammatik und Rechtschreibung werden beachtet.
- Die Funktion der automatischen Silbentrennung ist aktiviert.
- Es wird eine Version der gendersensiblen Schreibweise gewählt (siehe 4.5).
- Das Literaturverzeichnis ist alphabetisch sortiert und enthält alle im Text zitierten Quellen (siehe Kapitel 5.5).
- Die Inhalte von Anhängen sind ggf. im Inhaltsverzeichnis aufgeführt.
- Eine unterschriebene Eigenständigkeitserklärung ist beigefügt.

Abbildung 8: Beispiel für das Deckblatt einer schriftlichen Arbeit im Studium

**Titel der Hausarbeit
Untertitel**

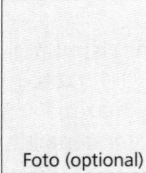

Foto (optional)

Name/n der Studierenden
Matrikel-Nummer
E-Mail-Adresse
Studiengang
Fachsemester

Titel der Lehrveranstaltung
SoSe/WiSe XY
Dozentin/Dozent: Name
Datum der Abgabe
Name der Universität

4.5 Allgemeine Hinweise zum wissenschaftlichen Schreiben

Das Schreiben gehört zum Handwerkszeug von Soziologinnen und Soziologen. Ein Duden und weitere Nachschlagewerke zu Grammatik, Rechtschreibung und Textgestaltung sollten daher in Ihrer Bibliothek nicht fehlen. Wir können an dieser Stelle keine umfassende Anleitung zum wissenschaftlichen Schreiben geben, sondern empfehlen unten weiterführende Literatur.

Darüber hinaus ist es hilfreich, folgende Hinweise zu beachten:

Überschriften und Unterüberschriften

Die Arbeit gliedert sich in verschiedene Abschnitte (oder Kapitel), die durch Überschriften und Unterüberschriften kenntlich gemacht sind. Jeder Abschnitt beginnt mit einer kurzen, aussagekräftigen Überschrift, die typografisch vom Fließtext abgehoben ist. Hierbei empfiehlt es sich mit Formatvorlagen zu arbeiten, bei denen alle notwendigen Einstellungen definiert wurden bzw. einfach veränderbar sind. Es ist unschön, wenn zwei Überschriften direkt aufeinander folgen, z.B. eine Überschrift der Ebene 1 und eine Überschrift der Ebene 2. Besser ist es, einen kurzen, einführenden Text zwischen die beiden Überschriften zu setzen, der den Inhalt der nun folgenden Abschnitte auf Ebene 2 zusammenfasst. Es sollte niemals nur einen (Haupt- oder Unter-) Abschnitt geben, sondern immer gibt es mindestens zwei Unterabschnitte oder Paragraphen unter einem übergeordneten Abschnitt. Das bedeutet, wenn es in Kapitel 1 ein Unterkapitel 1.1 gibt, muss es wenigstens noch ein Unterkapitel 1.2 geben

Absätze

Innerhalb eines Abschnitts ist der Text in Absätze unterteilt. Günstig gewählte Absätze erleichtern das Verständnis des Textes. Hierbei ist zu beachten, dass Absätze nie aus einem einzigen Satz bestehen. Formal werden Absätze entweder durch einen vergrößerten Abstand zum darüber liegenden Text voneinander getrennt, oder die erste Zeile wird ein Stück eingerückt. Die Logik der Gedankenführung sollte in und zwischen den Absätzen immer klar erkennbar sein. Hierfür sind Überleitungen einzufügen, das sind Sätze oder auch ganze Absätze, in denen der Zusammenhang zwischen vorhergehenden und nachfolgenden Ideen erklärt wird.

Sätze

Lange Sätze und komplizierte grammatische Konstruktionen sind zu vermeiden. Sie belasten das Arbeitsgedächtnis, verlangsamen die Lesegeschwindigkeit und erschweren das Verständnis der Inhalte somit unnötig.

Verständlichkeit

Auch renommierte Soziologen wie Howard Becker (2000) und Literaturwissenschaftler (wie Umberto Eco) sprechen sich dafür aus, verständlich zu schreiben:

> „Viele glauben, ein allgemeinverständlicher Text, in dem die Dinge so erklärt sind, daß alle sie verstehen, stelle geringere Anforderungen an die Ausdrucksfähigkeit als eine spezialisierte wissenschaftliche Untersuchung, bei der alles in Formeln ausgedrückt ist, die nur wenige Eingeweihte verstehen. Das stimmt in keiner Weise." (Eco 2010:183)

Auch wenn Ihr Essay oder Ihre Hausarbeit in erster Linie von Ihrer Dozentin oder Ihrem Dozenten gelesen wird, so ist doch für das Schreiben entscheidend, dass der Adressat Ihres Essays oder Ihrer Hausarbeit eine fiktive Leserin bzw. ein fiktiver Leser ist, der bzw. die über gewisse Grundkenntnisse der Soziologie verfügt, aber nicht über Vorwissen zum behandelten Gegenstand, so dass ihm oder ihr die Inhalte verständlich vermittelt werden sollten.

Gendersensible Schreibweise

Im Deutschen wird häufig nur in der männlichen Form gesprochen und geschrieben (z.B. ‚der Leser', ‚der Student', ‚die Dozenten') – und Personen anderen Geschlechts (z.B. Frauen und Trans*-Personen) sind quasi mitgemeint. Im wissenschaftlichen Schreiben im Soziologiestudium sollten Sie sich allerdings etwas genauer ausdrücken. Denn ausschließlich die männliche Form zu gebrauchen, kann schlicht und einfach unzutreffend sein und zu Fehlschlüssen führen. Wenn Sie nur Männer meinen, können Sie natürlich auch in der rein männlichen Form schreiben. Wenn Sie allerdings Personen unterschiedlichen Geschlechts meinen, sollte das auch in Ihrer Schreibweise zum Ausdruck kommen. Es gibt verschiedene Möglichkeiten einer differenzierten, gendersensiblen Schreibweise: das große Binnen-I (z.B. StudentInnen), die Klammer-Version (z B. Student(inn)en), den Schrägstrich (z.B. in der einfachen Version: Student/innen, oder ganz korrekt, aber schwerer zu lesen: Student/inn/en), das Sternchen (z.B. Student*) oder den *Gender_Gap*, d.h. den Unterstrich, der eine Freistelle schafft (z.B. Student_in). Wir haben für dieses Buch in Erwägung gezogen, nur in der weiblichen Form zu schreiben oder männliche und weibliche Formen abzuwechseln, haben uns aber letztendlich entschieden, genderneutrale Ausdrücke zu verwenden (z.B. Studierende) und wo dies nicht möglich ist, die männliche und weibliche Form auszuschreiben, auch wenn dies Platz weg nimmt. Viele Studierende erläutern die Wahl ihrer gendersensiblen Schreibweise in einer kurzen Fußnote, wobei eine Fußnote im Sinne von ‚Frauen sind in der männlichen Form selbstverständlich mit gemeint' eine suboptimale Minimalversion darstellt. Weitere Informationen zum Wie und Warum von gendersensiblen Schreibweisen finden Sie auch im Internet.[8]

Schreiben in der ersten Person

Viele Studierende fragen sich, ob sie in der Hausarbeit von sich in der ersten Person Singular („ich') oder – im Fall einer Gruppenarbeit – Plural („wir') schreiben dürfen. Hier gibt es unterschiedliche Präferenzen unter Soziologinnen und Soziologen – und auch zwischen der angloamerikanischen und der deutschen Schreibkultur. Im angloamerikanischen Sprachraum ist das Schreiben in der ersten Person gängiger und akzeptierter. Beispielsweise rät das *Chicago Manual of Style* (2010:284): „When you need the first-person singular, use it. It is not immodest to use it; it is superstitious not to." Auf der anderen Seite wird das Schreiben in der ersten Person in der deutschen Soziologie teilweise als unangemessene und übermäßige Selbstbezogenheit interpretiert. Manche bevorzugen daher von sich in der dritten Person zu sprechen (d.h. ‚die Autorinnen' statt ‚wir'). Andere halten dagegen, dass auf diese Weise eine künstliche Distanz und Neutralität vorgaukelt wird, die de facto nicht gegeben ist. Außerdem macht die erste Person den Text oft angenehmer zu lesen. Sie haben es schon gemerkt, wir nutzen die erste Person und geben auch Ihnen den Rat: Nutzen Sie die erste Person dort, wo es passt. Zum Beispiel dann, wenn es um Ihre Person geht: bei der

---

[8] Zum Beispiel finden Sie Informationen zu Varianten der gendersensiblen Schreibweise hier: http://issuu.com/gleichstellung/docs/2013_leitfaden_ueberzeugenderesprache_final (Zugriff 11.04.2015).

Darstellung des eigenen Interesses und Zugangs zum Thema in der Einleitung, bei der Darstellung des methodischen Vorgehens in einer qualitativen Studie oder (wie hier) wenn Sie sich in einem Feld positionieren und als sprechende und schreibende Subjekte in Erscheinung treten.

4.6 Checkliste für die Überarbeitung

Wie eingangs dargelegt, ist die Überarbeitung des Geschriebenen eine zentrale Komponente des Schreibprozesses. Als Minimalstandards sollte die Autorin oder der Autor selbst ihren bzw. seinen Text kritisch gegenlesen und überarbeiten. Im Idealfall wird dieser Prozess durch Feedback von anderen unterstützt (auch fachfremde Personen können übrigens sehr hilfreiches Feedback geben). Wir unterscheiden Feedback in sprachlicher, inhaltlicher und formaler Hinsicht:

Sprachliches Feedback

* Ist der Text verständlich? ☐
* Können umständliche oder unklare Formulierungen verbessert werden? (z.B. lange verschachtelte Sätze gekürzt und passive Formulierungen in aktive Formulierungen umgewandelt werden?) ☐
* Stimmt die Rechtschreibung, Interpunktion und Grammatik? ☐
* Wird die Leserin bzw. der Leser gut durch den Text geführt? Gibt es z.B. eine Zusammenfassung oder eine Einleitung am Anfang, in der kurz dargestellt wird, was folgt? Wird gut von einem zum nächsten Abschnitt übergeleitet? ☐

Inhaltliches Feedback

- Ist die Fragestellung klar formuliert und soziologisch relevant? Ist sie spezifisch genug, dass sie im Rahmen der Arbeit bearbeitet und beantwortet werden kann?   ☐
- Sind zentrale Begriffe definiert?   ☐
- Ist die Besprechung der Literatur gelungen?   ☐
- Wird die Position der Verfasserin oder des Verfassers klar?   ☐
- Wenn Ergebnisse empirischer Forschung dargestellt werden, sind ausreichende Informationen zu der Studie gegeben?   ☐
- Jeder Text braucht einen Abschluss. Werden nachvollziehbare Schlussfolgerungen gezogen?   ☐
- Wurde gute, wissenschaftliche und relevante Literatur zitiert?   ☐

Formales Feedback

- Sind Zitate gekennzeichnet? (siehe Kapitel 5)   ☐
- Sind die logischen Verknüpfungen (z.B. weil, daher, dennoch, etc.) stimmig?   ☐
- Sind die Absätze passend gesetzt?   ☐
- Haben Sie einen aussagekräftigen Titel für Ihr Essay oder Ihre Hausarbeit gefunden?   ☐
- Entspricht das Literaturverzeichnis den formalen Vorgaben? (siehe Kapitel 5)   ☐

Weiterführende Literatur:

Becker, Howard (2000): *Die Kunst des professionellen Schreibens: Ein Leitfaden für die Geistes- und Sozialwissenschaften.* Frankfurt/New York: Campus Verlag [engl. Original 1986].

Eco, Umberto (2010): *Wie man eine wissenschaftliche Abschlussarbeit verfasst. Doktor-, Diplom- und Magisterarbeit in den Geistes- und Sozialwissenschaften. 13. Auflage.* Wien: UTB Facultas wuv [ital. Original 1977].

Esselborn-Krumbiegel, Helga (2014): *Von der Idee zum Text. Eine Anleitung zum wissenschaftlichen Schreiben. 4. aktualisierte Auflage.* Paderborn: UTB Ferdinand Schöningh.

Esselborn-Krumbiegel, Helga (2015): *Tipps und Tricks bei Schreibblockaden. 1. Auflage.* Paderborn: UTB Ferdinand Schöningh.

Franck, Norbert (2013): Lust statt Last: Wissenschaftliche Texte schreiben. In: Franck, Norbert; Stary, Joachim (Hg.) *Die Technik wissenschaftlichen Arbeitens: eine praktische Anleitung. 17. überarb. Auflage.* Paderborn: UTB Ferdinand Schöningh. S.111-172.

5. Wie zitiere ich Literatur?

Zitate nehmen in wissenschaftlichen Arbeiten eine zentrale Funktion ein: Sie belegen, illustrieren, greifen bereits Gesagtes auf und knüpfen an wissenschaftliche Diskurse an. Dieses Kapitel gibt Hinweise darauf, wie Sie ‚korrekt' zitieren und Plagiate vermeiden. Es sei jedoch gleich zu Beginn angemerkt, dass das Bemühen um eine gute und korrekte Zitation ein Lernprozess ist, der Sie über den Verlauf Ihres Studiums weiter begleiten wird und der (sogar für renommierte Professoren, wie wir zeigen werden) im Prinzip nie abgeschlossen ist.

5.1 Warum ist ‚korrektes' Zitieren in der Wissenschaft wichtig?

Das korrekte Zitieren gehört zu den Grundfesten einer guten wissenschaftlichen Praxis. In den Vorschlägen zur ‚Sicherung guter wissenschaftlicher Praxis', die von der Deutschen Forschungsgemeinschaft (DFG)[1] entwickelt wurden, heißt es dazu wie folgt:

> „Wissenschaft gründet auf Redlichkeit. Diese ist eines der wesentlichen Prinzipien guter wissenschaftlicher Praxis und damit jeder wissenschaftlichen Arbeit. Nur redliche Wissenschaft kann letztendlich produktive Wissenschaft sein und zu neuem Wissen führen. Unredlichkeit hingegen gefährdet die Wissenschaft. Sie zerstört das Vertrauen der Wissenschaftlerinnen und Wissenschaftler untereinander sowie das Vertrauen der

---

[1] Die Deutsche Forschungsgemeinschaft (DFG) ist die Selbstverwaltungsorganisation der Wissenschaft in Deutschland und eine der wichtigsten Einrichtungen für Forschungsförderung. Auslöser für die Entwicklung von Empfehlungen zur guten wissenschaftlichen Praxis durch eine Kommission der DFG war ein großer Täuschungsskandal im Jahre 1997 bei dem renommierte deutsche Krebsforscher und -forscherinnen ihre Ergebnisse in mehreren Publikationen gefälscht hatten (Finetti & Himmelrath 1999). Die Empfehlungen wurden 2013 ergänzt.

> Gesellschaft in die Wissenschaft, ohne das wissenschaft-
> liche Arbeit ebenfalls nicht denkbar wäre.' (Deutsche
> Forschungsgemeinschaft 2013:8)

Zu einer ‚redlichen' Arbeitsweise gehört es, die Arbeiten und
Gedanken anderer Menschen als solche sichtbar zu machen
und nicht als die eigenen auszugeben. Der Ethik-Kodex der
Deutschen Gesellschaft für Soziologie (DGS) und des Berufsverbands Deutscher Soziologinnen und Soziologen (BDS)
greift dies auf und formuliert explizit:

> „Daten und Materialien, die wörtlich oder sinngemäß
> von einer veröffentlichten oder unveröffentlichten Ar-
> beit anderer übernommen wurden, müssen kenntlich
> gemacht und ihren Urheber/innen zugeschrieben wer-
> den. Verweise auf Gedanken, die in Arbeiten anderer
> entwickelt wurden, dürfen nicht wissentlich unterlassen
> werden.' (DGS & BDS 2014:II, Abs.2)

Ganz praktisch bedeutet dies, dass Sie Argumente, Definitionen, Einschätzungen und andere Teile der Literatur, die Sie
lesen, nicht als Ihre eigenen Gedanken ausgeben dürfen. Das
hört sich klar und einfach an, ist im wissenschaftlichen Alltag
jedoch gar nicht immer so unproblematisch. Denn auch wenn
wir uns ‚redlich' verhalten wollen und nicht vorhaben, zu
schummeln oder zu betrügen, ist die Abgrenzung zwischen
unseren eigenen Gedanken und den Gedanken anderer Personen manchmal schwierig. Bevor wir Ihnen Hinweise geben,
wie Sie korrekt zitieren, möchten wir im nächsten Abschnitt
kurz auf dieses Problem eingehen.

5.2 Gedanken und Kollektivität: Wann sind es ‚meine' Gedanken?

Der mehrfach ausgezeichnete Literaturwissenschaftler, Univer-
sitätsprofessor und Autor Umberto Eco beschreibt eine Erfah-

rung im Zusammenhang mit Zitation, die zeigt, wie er ohne es zu wollen falsch zitiert hat. In seinem Buch *Wie man eine wissenschaftliche Abschlussarbeit schreibt* (2010) bezieht er sich an einer Stelle auf ein älteres Werk (von Abbé Vallet), das vergriffen ist, ihm aber privat vorliegt. Als ein Kollege diese Quelle anzweifelt, lädt Eco den Kollegen zu sich nach Hause in seine Bibliothek ein und zeigt ihm das Buch und die entsprechende Textstelle darin. Als er diese Textstelle, die er sich mit einem roten Ausrufezeichen markiert hatte, nun aber wieder liest, geschieht etwas Erstaunliches: er stellt fest, dass die Textstelle nicht das aussagt, was er erwartet hatte:

> „Ich lese sie ihm vor, lese sie noch einmal und noch einmal und falle aus allen Wolken. Der Abbé Vallet hatte nie den Gedanken geäußert, den ich ihm zugeschrieben hatte, will sagen, er hatte nie jene Verbindung (...) hergestellt, die mir als so glänzend erschienen war. Es hatte sich so zugetragen, dass *ich* beim Lesen von Vallet (der von anderem sprach) auf irgendeine mysteriöse Weise angeregt von dem, was er sagte, jene Idee gehabt hatte (...).' (Eco 2010:XI-XII; Hervorhebung im Original).

Das zeigt zum einen, wie hilfreich ein direktes, wörtliches Zitat[2] aus der Primärquelle sein kann bzw. gewesen wäre – denn hätte Eco Herrn Vallet direkt zitiert, wäre ihm die falsche Zuschreibung eventuell selbst aufgefallen. Seine Erfahrung verweist jedoch darüber hinaus auf einen größeren Zusammenhang: ‚Wir stehen auf den Schultern von Riesen'.[3] Unse-

---

[2] Mehr zu direkten und indirekten Zitaten in Abschnitt 5.4.

[3] Dies ist ein gutes Beispiel für einen sprachlichen Ausdruck, der vielfältig gebraucht wird, u.a. von dem Soziologen Robert K. Merton (1980 [engl. Orig. 1965]) in seinem Buch *Auf den Schultern von Riesen. Ein Leitfaden durch das Labyrinth der Gelehrsamkeit*. Der Begriff wurde jedoch viel früher eingeführt, von verschiedenen Autorinnen und Autoren genutzt und ist im allgemeinen Sprachgebrauch ein ‚geflügeltes Wort' geworden, so dass wir ihn hier in einfache Anführungszeichen setzen ohne Literaturangabe.

re Erkenntnis basiert immer auch auf dem Wissen anderer und manchmal ist die Unterscheidung zwischen ‚meinen' Gedanken und denen anderer nicht so leicht und eindeutig zu treffen. Eco entscheidet sich, den Fehler im Text zu belassen.[4] Er spricht das Problem und die Lehre, die er daraus gezogen hat, allerdings in seinem Vorwort zur neuen Auflage an:

> „Ich habe nochmals darüber nachgedacht und festgestellt, dass ich im Verlaufe meiner Auseinandersetzung mit der Literatur oft Gedanken anderen zugeschrieben hatte, zu deren Suche jene mich angeregt hatten; und in vielen anderen Fällen war ich der Meinung, ein bestimmter Gedanke stamme von mir, während ich doch beim Nachsehen in einem Buch, das ich Jahre zuvor gelesen hatte, feststellte, daß der Gedanke, oder jedenfalls sein Kern, von einem anderen Autor stammte. (...) Bei ihm [dem Abenteuer Forschung, Anm. d. Verf.] geht es nicht um eine Einzelperson, sondern um eine ganze Kultur, und manchmal machen sich Gedanken von allein auf den Weg, wandern, verschwinden, erscheinen wieder, und es geht ihnen wie manchen Witzen: sie werden mit jedem Erzählen besser.' (Eco 2010:XII)

Diese etwas lapidar klingende Bemerkung von Eco soll nicht missverstanden werden. Es geht ihm nicht darum, die Bedeutung einer korrekten Zitation für die Wissenschaft zu unterminieren. Er weist lediglich darauf hin, dass das Bemühen um eine korrekte Zitation immer wieder neue Herausforderungen mit sich bringen kann. Und er markiert ein grundsätzliches Problem: Wenn wir heute wissenschaftlich arbeiten und sch-

---

[4] Er begründet seine Entscheidung damit, dass nicht nur ihm, sondern auch Vallet der „Verdienst" für den Gedanken zukommt, den er beim Lesen der Textstelle hatte (Eco 2010:XII). Denn Vallet sei zwar nicht der „Vater", aber doch der „Geburtshelfer" der Idee gewesen (ebd.). Mit dem Verweis auf ihn möchte Eco seine Dankbarkeit für die Inspiration zum Ausdruck bringen.

reiben, fangen wir nie ‚bei Null' an und schöpfen nie nur aus uns selbst heraus, sondern schließen in vielfältiger Weise – allein durch die Sprache, die wir benutzen – immer schon an Gedanken an, die andere vor uns hatten. Wir sind also Teil von Diskursen, die uns mit dem ausstatten, was sag- und denkbar ist. Fast alles, was wir sagen, ist in gewisser Weise ein Zitat. Und gleichzeitig tragen wir auch Neues zu diesen Diskursen bei. Je mehr wir lesen und je intensiver wir uns mit den Gedanken anderer Wissenschaftler:innen und Wissenschaftler auseinandersetzen, umso klarer, aber paradoxerweise auch umso schwieriger kann die Abgrenzung zwischen ‚meinen' und deren Gedanken im Einzelfall sein.[5]

Andere Autoren und Autorinnen weisen zudem darauf hin, dass Formen des Kopierens zentrale Kulturtechniken unserer Gesellschaft sind (Rommel & Schlie 2011).[6] Wir lernen über Nachahmung und erfahren im Alltag z.B. im Internet oder im Fernsehen viele Informationen als Wissensfragmente, deren Herkunft häufig nicht oder zumindest nicht vollständig ausgewiesen wird. Unsere alltäglichen Erfahrungen unterscheiden sich daher von den wissenschaftlichen Standards korrekter

---

[5] Ohne diese Debatte hier vertiefen zu können, sei darauf hingewiesen, dass sich verschiedene philosophische, literaturwissenschaftliche und soziologische Ansätze kritisch mit dem Konzept von individueller Autorenschaft in modernen Gesellschaften auseinandersetzen. So stellen z.b. poststrukturalistische Ansätze nach Roland Barthes (2000) und Michel Foucault (2000) die Konzepte von ‚Autorenschaft', ‚Werk' und ‚Original' grundsätzlich in Frage. Auch wissenssoziologische Ansätze weisen darauf hin, dass die kollektiven Aspekte unserer Wissensbestände uns als Individuen (sowohl als Alltagsmenschen als auch als Wissenschaftlerinnen und Wissenschaftler) nicht im vollen Umfang bewusst sind. Das ändert allerdings nichts daran, dass wir eine besondere Verantwortung tragen, das transparent zu machen, was wir von anderen gelernt und entlehnt haben.

[6] Dies gilt auch für andere Kulturkreise. Kopie und Reproduktion können sogar Ausdruck guter (Lern-)Praxis und Ehrerbietung sein. Dies wird z.B. für den chinesischen Kontext beschrieben, wo „die Ausbildung des guten Schreibens" in der konfuzianischen Tradition damit beginnt, „die Texte von bedeutenden Gelehrten nachzubilden" (Porsche-Ludwig & Chen 2011:213).

Zitation (Rommel & Schlie 2011:6). Wenn Sie nun im Rahmen Ihres Soziologiestudiums lernen, nach wissenschaftlichen Standards zu zitieren, bedeutet das, dass Sie neue Techniken lernen, die nicht selbstverständlich sind, sondern bestimmten Gewohnheiten aus Ihrem Alltagsleben (z.B. *copy and paste*, also das Kopieren aus fremden Quellen und Einfügen in die eigene Arbeit) zuwider laufen und bewusst erlernt werden müssen. Es bedeutet gleichzeitig, immer wieder zu hinterfragen und zu prüfen, ob ein Gedanke tatsächlich von uns stammt oder möglicherweise von jemand anderem. Außerdem sollten wir (von Eco lernend) überprüfen, was die Person tatsächlich gesagt hat, und was unsere Interpretation oder unser eigener Gedankengang ist.

5.3 Was ist ein Plagiat?

Wenn Sie in einem Essay oder einer Hausarbeit aus der Literatur zitieren, ohne Ihr Zitat als solches zu kennzeichnen und mit einer entsprechenden Quellenangabe zu versehen, handelt es sich um ein Plagiat.

> „Das lateinische Wort plagium bedeutet ‚Menschenraub'. Der Duden bezeichnet Plagiat als Diebstahl geistigen Eigentums (...). Gibt man eine fremde geistige Leistung als die eigene aus, spricht man von einem Plagiat." (Greubel 2009:2)

Plagiate sind eine besondere Form der Täuschung beim wissenschaftlichen Arbeiten und beinhalten ganz unterschiedliche Tatbestände, wie die folgende Auflistung der Universität Duisburg-Essen zeigt.[7] Ein Plagiat liegt dann vor, wenn Sie:

- Textpassagen aus fremden Texten wörtlich übernehmen, ohne auf die Quelle zu verweisen (wörtliches Plagiat)

---

[7] Siehe hierzu https://www.uni-due.de/plagiate/definition.shtml (Zugriff: 26.09.2014)

- fremde Gedankengänge ohne Verweis auf deren Herkunft in eigenen Worten wiedergeben (paraphrasierendes Plagiat)
- Textpassagen oder Gedankengänge aus einer fremdsprachigen Literatur übersetzen, ohne die Quelle anzugeben (Übersetzungsplagiat)
- Zitate aus fremden Texten übernehmen, ohne auf die Herkunft aus zweiter Hand zu verweisen (Zitatsplagiat)
- prägnante Formulierungen oder sprachliche Schöpfungen übernehmen, ohne auf deren Herkunft hinzuweisen (Imitationsplagiat)

Das Plagiat hat in den letzten Jahren stark an Aufmerksamkeit gewonnen, insbesondere seit den Plagiatsfällen bei führenden Politikern und Politikerinnen wie z.B. dem ehemaligen Minister zu Guttenberg.[8] Ein Umstand, der dazu beigetragen hat, dass das Plagiat auch im Studium verstärkt als Problem auftritt, liegt in den Möglichkeiten, die die zunehmende Digitalisierung von Texten und deren Verfügbarkeit im Internet mit sich bringen. Das *WorldWideWeb* stellt einen reichen Fundus (an mehr oder weniger gehaltvollen) Informationen und Texten bereit, die es leicht machen, per *copy and paste* Auszüge und Textbausteine fremder Arbeiten in die eigene zu übernehmen (Greubel 2009:1).

Plagiieren ist im Studium und generell beim wissenschaftlichen Arbeiten allerdings strengstens verboten. Mit welchen Sanktionen Sie zu rechnen haben, legt das Prüfungsrecht Ihrer Hochschule fest. Zu den möglichen Sanktionen zählen: Punkt-

---

[8] Karl Theodor zu Guttenberg wurde 2011 des Plagiats in seiner Doktorarbeit überführt. Ihm wurde sein Doktortitel aberkannt und er musste von seinem politischen Amt als Außenminister zurücktreten (Schicha 2011). Nur zwei Jahre später wurde der ehemaligen Bildungsministerin Anette Schavan der Doktortitel aberkannt und auch sie trat zurück. Internetforen wie „Guttenplag" und „Vroniplag" spielen bei der Entdeckung von Plagiaten in Doktorarbeiten (nicht aber bei der wissenschaftlichen und rechtlichen Beurteilung der Vorwürfe) eine zentrale Rolle.

abzug, Nichtbestehen der Prüfung, Ausschluss von der Wieder-
holungsprüfung oder sogar Ausschluss des Plagiierenden von
der Hochschule (Schimmel 2011:197). Darüber hinaus kann ein
Plagiat auch einen straf- und zivilrechtlichen Tatbestand darstellen (Fritzsche & Wankerl 2011; Schimmel 2011). Sie sollten daher
in jedem Fall korrekt zitieren und nie die Arbeiten anderer als
Ihre eigenen ausgeben. Wenn Sie unsicher sind, ob es sich um
ein Plagiat handelt, fragen Sie Ihren Betreuer oder Ihre Dozentin.

*Quiz: Gute oder schlechte wissenschaftliche Praxis, Plagiat
oder Täuschung?*

Im Folgenden können Sie mit einem Quiz überprüfen, ob Ihnen
der Unterschied zwischen guter und schlechter wissenschaftlichen Praxis, Plagiat und Täuschung klar ist – und welche Fragen
eventuell noch offen sind. Das Quiz ist eine leicht abgewandel-
te Version einer Fassung von Dannenberg (2009:140f.). Es zielt
nicht darauf ab, eine juristisch einwandfreie Klärung der Sachverhalte herbeizuführen, sondern es soll Studierenden eine
Möglichkeit geben, Alltagssituationen einzuschätzen und die
Aufmerksamkeit für problematisches Verhalten zu schärfen.

„Gute wissenschaftliche Praxis" ist das, was von Ihnen erwartet wird oder was allgemein als angemessenes und akzep-
tiertes Vorgehen in der Wissenschaft gilt. „Schlechte wissenschaftliche Praxis" wird in dem Quiz so verstanden, dass es sich
um ein inkorrektes Verhalten handelt, das vermieden werden
sollte. Das Fehlverhalten ist jedoch nicht so schwerwiegend
wie bei einer Täuschung oder einem Plagiat. Ein Plagiat ist wie
oben beschrieben die Übernahme fremder Gedanken in die
eigene Arbeit, ohne dies zu kennzeichnen. Der Begriff der
Täuschung bezieht sich darüber hinaus auf weitere Fälle
schwerwiegenden wissenschaftlichen Fehlverhaltens.[9]

---

[9]   In vielen Prüfungsordnungen wird das Plagiat als eine Form der Täuschung
behandelt. In diesem Quiz wird es aus didaktischen Gründen gesondert aufgeführt.

Nehmen Sie für die folgenden möglichen Aktivitäten im Studium eine Einschätzung vor, ob es sich bei dem beschriebenen Verhalten um:

a. gute wissenschaftliche Praxis,
b. schlechte wissenschaftliche Praxis,
c. ein Plagiat, oder
d. eine Täuschung handelt.

Die Auflösung finden Sie am Ende der Tabelle.

Tabelle 4: Quiz: Gute oder schlechte wissenschaftliche Praxis, Plagiat oder Täuschung? (nach Dannenberg 2009:140f.) (Auflösung s.u.)

Handelt es sich bei dem beschriebenen Verhalten um	a, b, c oder d?
1 Sie lassen sich von einer Freundin bei der Informationssuche für Ihre Bachelorarbeit helfen.	
2 Sie überlassen einem Freund die Informationssuche für Ihre Bachelorarbeit.	
3 Sie lassen einen Freund Ihre Bachelorarbeit Korrektur lesen.	
4 Sie lassen eine Freundin Ihre Bachelorarbeit schreiben.	
5 Sie übernehmen Texte eines anderen mit Beleg in die eigene Bachelorarbeit.	
6 Sie übernehmen Texte eines anderen ohne Beleg in die eigene Bachelorarbeit.	
7 Sie geben eine Bachelorarbeit mit Kurzbelegen, aber ohne Literaturverzeichnis, ab.	
8 Sie führen im Literaturverzeichnis Quellen auf, die Sie nicht benutzt haben.	
9 Sie schreiben aus der Wikipedia ab und versehen Ihren Text mit dem Hinweis (Wikipedia).	
10 Sie kopieren ein Foto aus der Wikipedia mit Copyright-Vermerk in Ihre Hausarbeit.	
11 Sie zitieren eine Quelle nicht so, wie es dem Original entspricht, sondern so, dass es in Ihr Konzept passt und eleganter klingt.	

Handelt es sich bei dem beschriebenen Verhalten um	a, b, c oder d?
12 Sie kopieren die Hausarbeit eines anderen und geben sie als Ihre eigene ab.	
13 Sie tauschen mit anderen Studierenden Ideen aus und schreiben individuell unterschiedliche Hausarbeiten.	
14 Sie schreiben in einer Klausur ab.	
15 Sie ändern die Ergebnisse Ihrer Untersuchung, so dass sie Ihren Schlussfolgerungen entsprechen.	
16 Sie weisen die Lehrperson nicht darauf hin, dass sie sich in der Benotung zu Ihren Gunsten verrechnet hat.	
17 Sie hacken den Server des Prüfungsamts und verändern Ihre Noten zu Ihren Gunsten.	

Lösungen: 1a, 2d, 3a, 4d, 5a, 6c, 7b, 8d, 9b, 10a, 11b, 12 c und d, 13d, 14d, 15d, 16b
(siehe Fußnote 10), 17d (siehe Fußnote 11)

5.4 Wie zitiere ich richtig?

Grundsätzlich gilt es, Zitate klar als solche zu kennzeichnen und durch eine Quelle zu belegen. Die Quellenangabe kann dabei unterschiedlich gestaltet werden. Eine in der Soziologie und allgemein im englischsprachigen Raum weitverbreitete Art der wissenschaftlichen Zitation ist der Harvard-Stil oder das Harvard-System.[12] Dieses Zitationssystem sieht vor, den Nachnamen der Autorin oder des Autors, das Jahr der Publikation und ggf. die Seitenzahl im Fließtext in Klammern nach dem Zitat zu setzen – und die vollständige Angabe zu der Quelle (mit Titel der Veröffentlichung etc.) im Literaturverzeichnis aufzuführen.

[10] Zu Quizfrage 16: An den meisten Universitäten und in den meisten Fällen sind Sie allerdings nicht verpflichtet, die Lehrperson auf ihren Fehler hinzuweisen und Ihre Note darf nicht nachträglich geändert werden.
[11] Zu Quizfrage 17: Bei diesem Vorgehen handelt es sich um eine Straftat.
[12] Eine ausführliche (englischsprachige) Anleitung zur Zitation nach dem Harvard-Stil gibt es von der britischen Anglia Ruskin University: http://libweb.anglia.ac.uk/referencing/harvard.htm (Zugriff: 02.09.2014)

Eine andere Art, Quellennachweise zu führen, ist das Fußnoten-System, das z.B. in den Geschichts-, Kultur- und Literaturwissenschaften breite Anwendung findet. Eine Quellenangabe durch Fußnoten macht den Fließtext etwas leichter lesbar, kann aber relativ viel Platz in Anspruch nehmen – wenn Ihr Text viele Zitate beinhaltet, können die Fußnoten genauso viel Platz auf der Seite einnehmen wie der Fließtext. Wir raten Ihnen daher, Zitationen und Quellenangaben nach dem Harvard-Stil zu gestalten und Fußnoten sparsam und nur für inhaltliche Ergänzungen und Anmerkungen (sowie Internetadressen) zu verwenden. In der Soziologie hat sich inzwischen der Harvard-Stil zum Standard entwickelt, weswegen alle Quellenangaben in diesem Buch ebenfalls nach dem Harvard-Stil gestaltet sind.

5.4.1 Unterschiedliche Zitationsstile

Auch beim Harvard-Stil gibt es verschiedene Varianten. Soziologische Fachzeitschriften wenden grundsätzlich das Harvard-System an und unterscheiden sich doch sehr im Detail. Nehmen wir das Beispiel der Seitenangabe. In einigen Varianten wird die Seitenangabe mit „S." (engl. „p." für *page*) ausgewiesen, andere verzichten darauf und fügen einfach die Zahl nach einem Doppelpunkt oder Komma an. Um die Vielfalt der kleinen Unterschiede zu veranschaulichen, haben wir die Zitationspraktiken von folgenden deutschen und englischsprachigen soziologischen Fachzeitschriften am Beispiel von zwei Quellenverweisen in der unten stehenden Tabelle aufgeführt: *American Journal of Sociology*, *The British Journal of Sociology*, *Kölner Zeitschrift für Soziologie und Sozialpsychologie*, *Soziale Welt* und die *Zeitschrift für Soziologie* (vgl. Tabelle 5). Achten Sie auf die Feinheiten (z.B. die Interpunktion, die Abkürzungen, die Kursiv- und Fettschreibung und die teilweise wechselnde Abfolge von Vor- und Nachnamen)!

Tab. 5: Zitationsstile ausgewählter soziologischer Fachzeitschriften im Vergleich[13]

Zeitschrift	Beleg (Verweis im Text)	Literaturverzeichnis
American Journal of Sociology	… definition of communitiy (Hitzler, Honer, and Pfadenhauer 2008, p. 10). A study (Alexander 2011, pp. 205-207)…	Alexander, Claire. 2011. „Making Bengali Brick Lane: Claiming and Contesting Space in East London." The British Journal of Sociology 62:201-220. Hitzler, Ronald, Honer, Anne, and Michaela Pfadenhauer. 2008. "Zur Einleitung: ‚Ärgerliche' Gesellungsgebilde?" Pp. 9-31 in: Posttraditionale Gemeinschaften: Theoretische und ethnographische Erkundungen, edited by R. Hitzler, A. Honer and M. Pfadenhauer. Wiesbaden: VS Verlag für Sozialwissenschaften.
The British Journal of Sociology	… definition of communitiy (Hitzler, Honer, and Pfadenhauer 2008: 10). A study (Alexander 2011: 205-207)…	**Alexander, C.** 2011. 'Making Bengali Brick Lane: Claiming and Contesting Space in East London.' The British Journal of Sociology 62:201-220. **Hitzler, R., Honer, A. and Pfadenhauer, M.** 2008. 'Zur Einleitung: „Ärgerliche" Gesellungsgebilde?' in R. Hitzler, A. Honer and M. Pfadenhauer (eds.) Posttraditionale Gemeinschaften: Theoretische und ethnographische Erkundungen, Wiesbaden: VS Verlag für Sozialwissenschaften.

---

[13] Die Fachzeitschriften geben auf Ihren Webseiten „Hinweise für Autoren", die bei der Zeitschrift einen Beitrag einreichen wollen. Diese Hinweise erläutern wie umfangreich die Beiträge sein dürfen und auch, wie sie gestaltet sein sollen, inklusive in welcher Weise zitiert werden soll (American Journal of Sociology   http://www.press.uchicago.edu/journals/ajs/instruct.html?journal=ajs; The British Journal of Sociology http://www.lse.ac.uk/BJS/toContribute/Home.aspx; Kölner Zeitschrift für Soziologie und Sozialpsychologie http://www.uni-koeln.de/kzfss/konventionen/kskonms.pdf; Soziale Welt http://www.soziale-welt.nomos.de/fileadmin/soziale-welt/doc/Autorenhinweise_sw.pdf; Zeitschrift für Soziologie http://www.zfs-online.org/index.php/zfs/information/authors;). (Zugriff jeweils: 05.09.2014)

Kölner Zeitschrift für Soziologie und Sozial-psychologie	... Definition von Gemeinschaft (Hitzler et al. 2008, S. 10). Eine Studie (Alexander 2011, S. 205-207)...	Alexander, Claire 2011. Making Bengali Brick Lane: Claiming and Contesting Space in East London. *The British Journal of Sociology* 62:201-220. Hitzler, Ronald, Anne Honer, und Michaela Pfaderhauer. 2008. Zur Einleitung: „Ärgerliche" Gesellungsgebilde? In Posttraditionale Gemeinschafter: Theoretische und ethnographische Erkundungen, Hrsg. Ronald Hitzler, Anne Honer und Michaela Pfadenhauer, 9-31. Wiesbaden: VS Verlag für Sozialwissenschaften.
Soziale Welt	... Definition von Gemeinschaft (Hitzler / Honer / Pfadenhauer, S. 10). Eine Studie (Alexander 2011, S. 205-207)...	Alexander, Claire (2011): Making Bengali Brick Lane: Claiming and Contesting Space in East London, in: The British Journal of Sociology 62, S. 201-220. Hitzler, Ronald / Honer, Anne / Pfadenhauer, Michaela (2008): Zur Einleitung: „Ärgerliche" Gesellungsgebilde?, in: Ronald Hitzler / Anne Honer / Michaela Pfadenhauer (Hrsg.), Posttraditionale Gemeinschaften: Theoretische und ethnographische Erkundungen, Wiesbaden, S. 9-31.
Zeitschrift für Soziologie	... Definition von Gemeinschaft (Hitzler et al. 2008: 10). Eine Studie (Alexander 2011: 205-207)...	Alexander, C., 2011: Making Bengali Brick Lane: Claiming and Contesting Space in East London. The British Journal of Sociology 62:201-220. Hitzler, R., Honer, A. & M. Pfadenhauer, 2008 Zur Einleitung: „Ärgerliche" Gesellungsgebilde? S. 9-31 in: R. Hitzler, A. Honer & M. Pfadenhauer (Hrsg.), Posttraditionale Gemeinschaften: Theoretische und ethnographische Erkundungen. Wiesbaden: VS Verlag für Sozialwissenschaften.

In Ihrem Studium wird Ihnen möglicherweise kein bestimmter Zitationsstil vorgegeben. In diesem Fall entscheiden Sie sich für einen Stil und wenden diesen durchgängig an. Sie können sich auch gerne an unserem Stil orientieren (siehe 5.4). Wir haben den Zitationsstil für dieses Studienbuch entwickelt und uns bemüht, ihn möglichst schlicht zu halten (d.h. mit minimaler Interpunktion und ohne wechselnde Abfolge von Vor- und Nachnamen oder Anführungszeichen). Im Zweifelsfall erkundigen Sie sich beim Dozenten oder der Dozentin, ob es bestimmte Vorgaben zur Zitation an Ihrem Institut oder für die spezielle Lehrveranstaltung gibt, nach denen Sie sich richten sollen.

5.4.2 Direkte und indirekte Zitate

Doch zunächst einige allgemeine Hinweise zur Zitation. Wir unterscheiden direkte und indirekte Zitate. Direkte Zitate sind wörtliche Auszüge aus dem Original, indirekte Zitate sind Paraphrasen und Zusammenfassungen. Beide erfordern eine genaue Quellenangabe.

Direkte Zitate

Die Kennzeichnung von direkten Zitaten erfolgt durch doppelte Anführungszeichen („"). Wenn Sie nur einzelne Worte oder Satzbausteine zitieren, integrieren Sie diese in Ihren Satz, z.B. könnten Sie in einer Hausarbeit zum Thema Gemeinschaften schreiben:

> Gemeinschaften zeichnen sich grundsätzlich durch ein „Zu(sammen)gehörigkeitsgefühl" (Hitzler, Honer & Pfadenhauer 2008:10) aus.

Die Quellenangabe folgt unmittelbar im Anschluss an das Zitat. Manche Autoren und Autorinnen setzen die Quellenangabe auch – zur besseren Lesbarkeit – nicht direkt hinter das Zitat, sondern in seine unmittelbare Nähe, z.B. an das Ende des Satzes oder Halbsatzes (in diesem Fall nach ,aus'). Das ist allerdings nur ratsam, solange der Bezug zwischen Zitat und Quelle eindeutig ist.

Wenn Sie ganze Sätze oder längere Passagen (mehr als zwei bis drei Zeilen) aus dem Original zitieren, rücken Sie das Zitat ein, z.B. wie folgt:

> „Als konstitutiv für Gemeinschaften jedweder Art betrachten wir a) die Abgrenzung gegenüber einem wie auch immer gearteten ‚Nicht-Wir', b) ein wodurch auch immer entstandenes Zu(sammen)gehörigkeitsgefühl, c) ein wie auch immer geartetes, von den Mitgliedern der Gemeinschaft geteiltes Interesse bzw. Anliegen, d) eine wie auch immer geartete, von den Mitgliedern der Gemeinschaft anerkannte Wertsetzung und schließlich e) irgendwelche, wie auch immer geartete, den Mitgliedern zugängliche Interaktions(zeit)räume." (Hitzler, Honer & Pfadenhauer 2008:10)

Eingerückte Zitate werden teilweise zusätzlich durch eine verkleinerte Schriftgröße und einen geringeren Zeilenabstand vom Fließtext abgesetzt, um sie noch klarer als Zitate zu kennzeichnen. Aber davon raten wir Ihnen ab, denn eine solche Formatierung macht die Zitate etwas schwerer zu lesen. Und wieso sollten die Zitate schwerer zu lesen sein als Ihr Fließtext? Eine weitere formale Frage zum direkten Zitat ist häufig, ob das Satzzeichen (im Fall des obigen Zitats: der Punkt zum Satzende) vor oder nach der Klammer dem Beleg im Text gesetzt werden sollte? Wir präferieren bei Belegen *im Text* den Punkt *nach* der Klammer zu setzen (um den Bezug der Quellenangabe zum Zitat im Satz deutlich zu machen) und *bei freistehenden, eingerückten* Zitaten den Punkt *vor* die Klammer zu setzen (da hier der Bezug durch die Einrückung klar ist).

Dürfen wörtliche Zitate verändert werden? – Nein. Eine Ausnahme stellt die Umwandlung von Anführungszeichen dar. Beispielsweise haben wir in der obigen Darstellung des Zitats die Anführungszeichen bei dem Ausdruck „Nicht-Wir", der im Original in doppelten Anführungszeichen steht, in unserem Zitat in einfache Anführungszeichen ‚Nicht-Wir' umgewandelt, weil es sich um ein Zitat im Zitat handelt. Wenn das Original Grammatik- oder Rechtschreibfehler enthält, weisen Sie in Ihrem Zitat durch das Einfügen eines ‚(sic)' darauf hin, dass dieser Fehler nicht Ihr Verschulden, sondern bereits im Original vorzufinden ist. Wir selbst haben ein solches (sic) im ersten Kapitel eingefügt (siehe Seite 21 Kapitel 1), um darauf hinzuweisen, dass der Autor nur in der männlichen Form geschrieben hat. Wenn ein direktes Zitat zu lang ist oder Passagen enthält, die für Ihr Thema nicht relevant sind, so können Sie Auslassungen durch ‚(…)' markieren. Das werden Sie in direkten Zitaten in diesem Buch häufig finden, so z.B. auch in diesem Kapitel auf Seite 131 oder 134.

Indirekte Zitate

Wenn Sie das Original nicht wortwörtlich zitieren, sondern den Inhalt des Gesagten zusammenfassen und paraphrasieren, d.h. mit eigenen Worten wiedergeben, handelt es sich um ein indirektes Zitat. Zum Beispiel könnte eine Paraphrase der oben genannten Textstelle lauten:

> Laut Hitzler, Honer und Pfadenhauer (2008:10) zeichnen sich Gemeinschaften grundsätzlich durch geteilte Interessen, Werte, Interaktionen und ein Zusammengehörigkeitsgefühl ihrer Mitglieder aus.

Diese Paraphrase ist nicht so detailliert wie das Original (z.B. wird aus „Zu(sammen)gehörigkeitsgefühl" in der Paraphrase ‚Zusammengehörigkeitsgefühl', wodurch der doppelte Wortsinn der ‚Zugehörigkeit' wegfällt; auch wurde das Kriterium der Abgrenzung nicht mit aufgeführt). Indirekte Zitate, also Paraphrasen und Zusammenfassungen, beinhalten grundsätzlich eine Reduktion des Bedeutungsgehalts im Vergleich zum Original. Irgendetwas geht also immer verloren, aber gleichzeitig erlauben Ihnen indirekte Zitate, bestimmte Aspekte des Originalzitats, die für Ihren Kontext besonders wichtig sind, hervorzuheben.

Was technische Aspekte der Quellenangabe bei indirekten Zitaten angeht, kann die Quellenangabe im Text – je nachdem, ob sich der Verweis auf eine konkrete Textstelle oder den gesamten Text bezieht – mit oder ohne Seitenangabe erfolgen. Im gerade dargestellten Fall bezieht sich das indirekte Zitat auf eine konkrete Stelle im Text, daher ist die Seitenangabe notwendig, um die konkrete Textstelle nachvollziehen zu können. Bezieht sich aber ein indirektes Zitat auf den gesamten Text, und nicht auf eine bestimmte Textstelle, so wird nur Name und Jahr angegeben. Das wäre z.B. bei folgendem Verweis der Fall:

> Gemeinschaften sind ein klassisches Thema der Soziologie, das auch in jüngerer Zeit theoretisch und konzeptionell weiter entwickelt wurde (Hitzler, Honer & Pfadenhauer 2008).

Zu den verschiedenen Versionen der Quellenangabe bei direkten und indirekten Zitaten siehe auch Botzen (2012:95-100).[14] Als Faustregel gilt: Im Zweifelsfall die Quellenangabe

---

[14] Katrin Botzen (2012:95-100) unterscheidet nicht wie wir zwischen direkten und indirekten Zitaten, sondern zwischen Zitaten (direkte, wörtliche Zitate), Paraphrasen (indirekte Zitate) und Verweisen (das sind Bezüge auf ganze Werke statt einzelne Passagen, die bei ihr mit ‚vgl.' ausgewiesen werden). Wir führen hier übrigens Katrin Botzen als Autorin auf, weil ihr Name über dem Kapitel steht, aus dem wir zitieren. Theoretisch wäre auch eine andere Quellenangabe möglich, nämlich (Berninger et al. 2012:95-100). Wieso? Weil bei der Einführung *Grundlagen sozialwissenschaftlichen Arbeitens* von Ina Berninger, Katrin Botzen, Christian Kolle, Dominikus Vogl und Oliver Watteler (2012) nicht ganz klar ist, ob es sich bei dem Buch um eine gemeinsam verfasste Monografie oder einen Sammelband handelt. Wie wir in Kapitel 2 dargelegt haben, würde es sich im Fall einer Monografie um ein gemeinsam verfasstes Gesamtwerk (‚aus einem Guss') handeln, während ein Sammelband eine Sammlung von Einzelbeiträgen darstellt. Da über den Kapiteln

so genau wie möglich aufzuführen, d.h. also lieber mit als ohne Seitenangabe, auch bei indirekten Zitaten.

5.4.3 Häufig gestellte Fragen zum Zitieren

Direktes oder indirektes Zitat?

Wann entscheide ich mich für ein direktes Zitat? Die meisten soziologischen Texte enthalten sowohl direkte als auch indirekte Zitate. Direkte Zitate eignen sich zur Hervorhebung besonders wichtiger und prägnanter Textstellen. Wenn Sie zum Beispiel die Definition eines Begriffes für besonders gelungen halten, sollten Sie diese direkt zitieren. Aber auch, wenn Sie widersprechen und sich kritisch auf die Definition, einen Text oder eine Textstelle beziehen wollen, nutzen Sie ein direktes Zitat, um Ihre Kritik konkret und nachvollziehbar zu machen. Allerdings sollten Sie es mit direkten Zitaten nicht übertreiben und diese vor allem nicht wahllos aneinanderreihen. Stattdessen besteht die Kunst der Zitation darin, Zitate sorgsam auszuwählen und durch den eigenen Text zu rahmen, also einzuleiten und zu besprechen (indem Sie z.B. einen besonders wichtigen Aspekt des Zitats in Ihren Worten noch einmal hervorheben).

Wann kann ich Wissen als bekannt voraussetzen?

Viele Studierende fragen sich: „Wofür muss ich eine Quelle anführen, und wann kann ich ein bestimmtes Wissen als bekannt voraussetzen und auf den Quellenverweis verzichten?" Diese Frage lässt sich nur am konkreten Fall beantworten. Wenn Sie eine Hausarbeit im Rahmen einer soziologischen

---

jeweils einzelne Verfasserinnen und Verfasser ausgewiesen sind, gehen wir davon aus, dass es sich um einen Sammelband handelt und zitieren daher die Autorin des Beitrags.

Lehrveranstaltung schreiben, können Sie möglicherweise gewisse soziologische Grundbegriffe als bekannt voraussetzen. Wenn diese Begriffe allerdings eine „Schlüsselrolle" in Ihrer Hausarbeit einnehmen (Eco 2010: 84), sollten Sie sie in jedem Fall definieren und mit einer Quelle und ggf. einem Zitat belegen. Wenn Sie eine Hausarbeit zu Geschlecht und Arbeit schreiben und in der Einleitung auf Einkommensunterschiede zwischen Männern und Frauen hinweisen, so ist dieser Umstand möglicherweise vielen bekannt, aber da es sich um eine wissenschaftliche Arbeit handelt, ist Genauigkeit gefragt und es sollte ein Beleg angeführt werden (z.B. ein Verweis auf eine empirische Studie zu dem Thema). Nicht erforderlich ist eine Quellenangabe bei allgemein bekanntem Wissen wie dem Namen der Bundeskanzlerin (gegenwärtig Angela Merkel) oder dem Jahr des Mauerfalls, da es sich hier um Wissen handelt, das nicht auf bestimmte Urheber oder Urheberinnen zurückgeführt werden muss.

Wie kürze ich mehrere Autorinnen und Autoren ab?

Handelt es sich bei einer Quelle um einen Text, der von mehreren Autorinnen und Autoren verfasst wurde, wird manchmal (um Platz zu sparen und die Lesbarkeit des Fließtextes zu erhöhen) nach dem Namen des Erstautors oder der Erstautorin ein ‚et al.' (lateinisch *et aliter* für ‚und andere') eingefügt. Das ist zum Beispiel bei der *Kölner Zeitschrift für Soziologie und Sozialpsychologie* (KZfSS) der Fall. Die KZfSS sieht vor, bei zwei Autorinnen oder Autoren beide Namen aufzuführen und durch ein ‚und' zu verbinden, und bei mehr als zwei nur den ersten Namen und ein ‚et al.' anzuführen. Bei der auf Seite 142 genannten Quelle handelt es sich um ein Buchkapitel, das von drei Autoren und Autorinnen verfasst wurde (Roland Hitzler, Anne Honer und Michaela Pfadenhauer). Die KZfSS würde diesen Verweis also so darstellen: (Hitzler et al. 2008, S.10).

Andere Format-Vorgaben, so auch die in diesem Buch, sehen vor, dass die Nachnamen von bis zu drei Autorinnen und Autoren ausgeschrieben werden und die ‚et al.'-Regel erst ab vier Autoren und Autorinnen genutzt wird. Das ist zum Beispiel auch bei dem *American Journal of Sociology* der Fall (siehe Tabelle 5), allerdings dort nur bei der ersten Nennung. Falls die Quelle ein zweites Mal im gleichen Text zitiert wird, wird der Beleg bei der zweiten Nennung auch abgekürzt auf (Hitzler et al. 2008, p.10). Wir würden Ihnen raten, eine Variante zu wählen, bei der Sie mindestens zwei oder drei Namen ausschreiben, da sonst die Gefahr besteht, dass man ein Werk (unbewusst) immer nur mit einer Person (der Erstautorin oder dem Erstautor) in Verbindung bringt, obwohl mehrere Autorinnen und Autoren daran mitgewirkt haben.[15]

Das Wichtigste in Kürze

Bevor wir nun zu der Erstellung des Literaturverzeichnisses kommen, abschließend noch einige Hinweise zur Darstellung der Zitate im Text im Überblick:

Direkte Zitate:
- Wortwörtliche Übernahme eines Wortes oder einer Textpassage aus dem Original
- Kennzeichnung durch doppelte Anführungszeichen „ "
- bei längeren wörtlichen Zitaten diese vom eigentlichen Text zusätzlich durch einen eingerückten Absatz abheben
- Quellenangabe in Klammern im Text direkt im Anschluss an das Zitat mit Seitenangabe

---

[15]   In der Soziologie ist es üblich, die Namen der Autorinnen und Autoren in alphabetischer Reihenfolge aufzuführen, sofern alle in gleichem Maß zu dem Werk beigetragen haben. Wenn dies nicht der Fall ist, hat die Person, die zuerst genannt ist, die Hauptarbeit geleistet.

Indirekte Zitate:
- Zusammenfassung und Paraphrasierung anderer Arbeiten
- Quellenangabe entweder mit Angabe der Seitenzahl (sofern ein klarer Bezug auf eine einzelne Textstelle vorliegt) oder ohne (wenn Sie sich auf das Werk als Ganzes beziehen)

Allgemeine Regeln zur Zitation
- Falls das Zitat im Original über eine Seite hinausgeht (sich also über zwei Seiten erstreckt), fügen Sie ‚f.' für ‚folgende' ein, z.B. (Botzen 2012:95f.), wenn Sie sich auf die Seiten 95 und 96 beziehen. Geht das Zitat über zwei Seiten hinaus (beziehen Sie sich in diesem Beispiel auf die Seiten 95 bis 97), fügen Sie ‚ff.' (für fortfolgende) ein; erstreckt sich das Zitat über mehr als drei Seiten, können Sie statt ‚ff.' auch die genauen Seitenzahlen einfügen (z.B. Botzen 2012:95-100).
- Bei mehrfacher, aufeinanderfolgender Zitierung der gleichen Quelle (wenn Sie z.B. den Text von Bourdieu mehrfach zitieren) können Sie den Literaturhinweis entweder in der genannten Form wiederholen oder Abkürzungen wie ‚a.a.O.' (am angegebenen Ort) oder ‚ebd.' (ebenda; lateinisch ibidum) benutzen.
- Wir würden Ihnen raten, diese Abkürzungen nur bei aufeinanderfolgenden Zitaten der gleichen Quelle *im gleichen Absatz* und *auf ein und derselben Seite* zu nutzen, da sonst die Eindeutigkeit der Quellenangabe beeinträchtigt sein kann. Manche Verlage oder Zeitschriften lehnen die Verwendung der Abkürzungen auch ganz ab, so z.B. die *Zeitschrift für Soziologie*.[16]
- Bei zwei Autorinnen oder Autoren sollten Sie beide Namen angeben und durch ein „und" oder ein „&" oder „/"-Zeichen verbinden (z.B. Finetti & Himmelrath 1999). Bei vier oder mehr Autorinnen und Autoren nennen Sie den ersten

---

[16] http://www.zfs-online.org/autoren/ (Zugriff: 05.09.2014)

Nachnamen und ergänzen ihn mit „et al.", z.b. (Berninger et al. 2012).

- Bei institutionellen Autoren empfiehlt es sich, den Namen der Institution so weit auszuschreiben, dass eine Identifizierung möglich ist (z.b. Bundesamt für Migration und Flüchtlinge statt BAMF).
- Trennen Sie mehrere aufeinanderfolgende Literaturhinweise mit Semikolon und schließen Sie sie in eine gemeinsame Klammer ein: (Fritzsche & Wankerl 2011; Schimmel 2011).
- Haben Sie Zitate aus Quellen übernommen, wo diese bereits als Zitate auftauchen, so muss das kenntlich sein – wir selbst haben das z.b. im ersten Kapitel auf S. 116 gemacht (Bruno & Reimann 1994, zitiert nach Nassehi 2011:15). Allerdings sollten Sie solche Sekundärzitate (xy zitiert nach yx) soweit möglich vermeiden, da Sie nicht sicher sein können, dass Sie das Original in gleicher Art und Weise verstehen und ggf. zusammengefasst bzw. paraphrasiert hätten wie die Person, von der Sie das Zitat übernommen haben. Zitate sind immer nur ausgewählte Auszüge aus dem Original. Insbesondere wenn ein Zitat wichtig und die Primärquelle zugänglich ist, sollten Sie sich bemühen, das Original zu lesen und daraus zu zitieren.

5.5 Wie erstelle ich ein Literaturverzeichnis?

Im Literaturverzeichnis sind alle in der Arbeit verwendeten Literaturquellen vollständig anzugeben. Zusätzliche Literatur, die Sie vielleicht gelesen haben, aber auf die Sie in Ihrer Arbeit nicht verweisen, wird nicht angeführt. Die gesamte Literaturliste ist alphabetisch nach dem Nachnamen des Erstautoren oder der Erstautorin sortiert. Werden mehrere Werke derselben Autorin bzw. desselben Autors verwendet, sind diese chronologisch nach ihrem Erscheinungsjahr anzuführen (beginnend mit dem ältesten Datum). Werden mehrere Publikationen von denselben Autorinnen oder Autoren aus demselben Jahr aufgeführt, werden diese durch die Buchstaben a, b, c usw. hinter dem Erscheinungsjahr voneinander unterschieden (z.B. 2006a, 2006b, etc.).

Für die unterschiedlichen Literaturformen, die wir in Kapitel 2.1 vorgestellt haben, gibt es auch unterschiedliche Angaben, die im Literaturverzeichnis erscheinen müssen – wenn sie nicht auftauchen, gilt die Literaturangabe nämlich als unvollständig und das kann negativ bewertet werden. Die hier vorgenommene Unterteilung nach Literatur-Formaten (Bücher, Sammelbände, Buchbeiträge etc.) dient nur Ihrer Orientierung, wie Sie die unterschiedlichen Formate richtig zitieren können. Bitte sortieren Sie Ihre Literatur nicht nach diesem Muster, sondern alphabetisch nach dem Nachnamen der Erstautorin oder des Erstautoren. Das Literaturverzeichnis für dieses Buch kann Ihnen als Beispiel dienen (siehe S. 193ff.). Es wurde nach folgenden Vorgaben erstellt (in den Kästen ist jeweils ein Beispiel aufgeführt).

Monografien

Monografie von einer Autorin oder einem Autor
Nachname, Vorname (Jahr): *Titel. Untertitel. ggf. Auflage.* Verlagsort: Verlag.

> Eco, Umberto (2010): *Wie man eine wissenschaftliche Abschlussarbeit schreibt. Doktor-, Diplom- und Magisterarbeit in den Geistes- und Sozialwissenschaften. 13. Auflage.* Wien: UTB facultas.wuv Universitätsverlag.

Gerade bei Lehrbüchern kann es vorkommen, dass Sie nicht die erste Auflage lesen, sondern eine aktuellere Version, die überarbeitet und neu aufgelegt wurde. Um klarzustellen, auf welche Version Sie sich beziehen, ist es notwendig, dass Sie immer die Auflage mit angeben.

Monografie von mehreren Autorinnen oder Autoren
Nachname, Vorname; Nachname, Vorname (Jahr): *Titel. Untertitel. ggf. Auflage.* Verlagsort: Verlag.

Bowker, Geoffrey; Star, Susan Leigh (1999): *Sorting Things Out. Classification and Its Consequences.* Cambridge, London: MIT Press.

Sammelbände/Herausgeberschaften

Nachname, Vorname[; Nachname, Vorname][17] (Hg.) (Jahr): *Titel. Untertitel. ggf. Auflage.* Verlagsort: Verlag.

Kalthoff, Herbert; Hirschauer, Stefan; Lindemann, Gesa (Hg.) (2008): *Theoretische Empirie. Zur Relevanz qualitativer Forschung.* Frankfurt a. M.: Suhrkamp.

Die Herausgeberinnen und Herausgeber von Sammelwerken können Sie statt mit ‚Hg.' auch mit ‚Hrsg.' abkürzen.

Aufsätze in Sammelbänden

Nachname, Vorname[; Nachname, Vorname] (Jahr): Titel des Beitrags. Untertitel. In: Nachname, Vorname[; Nachname, Vorname] der Herausgeber und Herausgeberinnen (Hg.) *Titel des Sammelbandes. ggf. Auflage.* Verlagsort: Verlag, Seitenzahlen.

---

[17]   Die eckige Klammer zeigt das Format an, das im Falle von mehreren Autorinnen und Autoren zur Anwendung kommt.

Hitzler, Ronald; Honer, Anne; Pfadenhauer, Michaela (2008): Zur Einleitung: ‚Ärgerliche' Gesellungsgebilde? In: Hitzler, Ronald; Honer, Anne; Pfadenhauer, Michaela (Hg.) *Posttraditionale Gemeinschaften: Theoretische und ethnographische Erkundungen.* Wiesbaden: VS Verlag für Sozialwissenschaften, S.9-31.

Zeitschriftenaufsätze

Nachname, Vorname[; Nachname, Vorname] (Jahr): Titel des Aufsatzes. *Name der Zeitschrift* Nummer des Jahrgangs bzw. Bandes (ggf. Nummer der Ausgabe), Seitenzahlen.

Tilley, Liz; Woodthorpe, Kate (2011): Is it the end for anonymity as we know it? A critical examination of the ethical principle of anonymity in the context of 21st century demands on the qualitative researcher. *Qualitative Research* 11 (2), S.197–212.

Aufsätze in Online-Zeitschriften

Name, Vorname[; Name, Vorname] (Jahr): Titel des Aufsatzes. [Anzahl der Absätze] *Name der Zeitschrift* Nummer des Jahrgangs bzw. Bandes (ggf. Ausgabe). URL oder URN (Zugriff: Datum des letzten Downloads).

von Unger, Hella (2012): Partizipative Gesundheitsforschung. Wer partizipiert woran? [79 Absätze] *Forum Qualitative Sozialforschung (FQS)* 13 (1). http://nbn-resolving.de/urn:nbn:de:0114-fqs120176 (Zugriff: 11.04.2015).

Graue Literatur

Arbeits-, Konferenz- bzw. Diskussionspapiere, Berichte von Organisationen, Webdokumente

Nachname, Vorname[; Nachname, Vorname] (Jahr): Titel des Papiers. *Name der Institution/Organisation/Konferenz* etc.. Ort: ggf. Verlag/Institution. URL oder URN (Zugriff: Datum des letzten Downloads).

Baumgarten, Britta; Ullrich, Peter (2012): Discourse, Power and Gouvernementality. Social Movement Research with and beyond Foucault. WZB Discussion Paper SP IV 2012-401. Berlin: Wissenschaftszentrum Berlin für Sozialforschung. http://bibliothek.wzb. eu/pdf/2012/iv12-401.pdf (Zugriff 04.07.2013).

Oellers, Claudia; Wegner, Eva (2009): Does Germany need a (New) Research Ethics for the Social Sciences? *RatSWD Working Paper* No. 86. Berlin: German Council for Social and Economic Data. http://www.ratswd.de/download/RatSWD_WP_2009/ RatSWD_WP_86.pdf (Zugriff 04.07.2013).

Internetquellen[18]

Online Videos
Name, Vorname[; Name, Vorname] (Jahr): Titel des Videos. [Video file]. URL (Zugriff: Abrufdatum).

Meurer, Peter (2014): Zitationsstile finden und nutzen [Video file]. http://www.youtube.com/watch?v=xAlhHIITGrs&feature=youtu be (Zugriff: 02.05.2014).

Internetseiten/Blogs mit Autorinnen oder Autoren
Name, Vorname[; Name, Vorname]: Titel. URL (Zugriff: Abrufdatum).

---

[18] Ausführliche Informationen zur Zitation und Archivierung von Internetquellen erhalten Sie unter: http://www.isek.uzh.ch/studium/pk/allgemein/Merkblaetter/Internet2014.pdf (Zugriff: 12.04.2015)

> Lutz, Helma (2012): The Painful Cake – ein Kunstwerk über die Intersektionalität von ‚race' und ‚gender'. http://soziologie.de/blog/?p=417 (Zugriff: 02.05.2014).

Internetseiten/Blogs ohne Autorinnen oder Autoren
Name des Erscheinungsortes/der Institution/des Mediums: URL (Zugriff: Abrufdatum)

> Ludwig-Maximilians-Universität München, Institut für Soziologie: http://www.soziologie.uni-muenchen.de/index.html   (Zugriff: 02.05.2014).

Forschungsdaten

Name der Institution oder Personen, die die Daten erhoben haben (Jahr der Veröffentlichung des Datensatzes): Titel des Datensatzes oder der Studie, für die die Daten erhoben wurden. ggf. Versionsnummer.[19] Name des Datenzentrums/der Institution, das/die Daten veröffentlicht hat. Quelle, wo die Daten dauerhaft gespeichert sind (DOI, URL).

> Netzwerk Nationales Bildungspanel (2015): Nationales Bildungspanel (NEPS) Startkohorte 6 (Erwachsene), Version 6.00. Leibniz-Institut für Bildungsverläufe e.V. (LIfBi).   doi:10.5157/NEPS:SC6:6.0.0.

Wenn Sie empirisch arbeiten und Sekundärdaten auswerten, also Daten, die nicht Sie selbst, sondern andere erhoben haben, besteht die Notwendigkeit, die entsprechende Quelle anzugeben. Allerdings gibt es bislang noch keine verbindlichen Standards zur Datenzitation. Daher orientieren wir uns

---

[19]   Manche Daten werden in mehreren Versionen veröffentlicht, wenn z.B. Fehler aufgefallen sind und diese für die neue Version bereinigt wurden.

an den Empfehlungen des Rates für Sozial- und Wirtschaftsdaten.[20]

Weiterführende Literatur:

Botzen, Katrin (2012): Aufbau, Inhalt und Formalia einer wissenschaftlichen Arbeit. In: Berninger, Ina; Botzen, Katrin; Kolle, Christian; Vogl, Dominikus; Watteler, Oliver (Hg.) *Grundlagen sozialwissenschaftlichen Arbeitens. Eine anwendungsorientierte Einführung.* Opladen, Toronto: UTB/Barbara Budrich, S.83-106.

Institut für Populäre Kulturen (2013): Zur Nutzung des Internets – Zitieren und Bibliographieren. Universität Zürich. http://www.isek. uzh.ch/studium/pk/allgemein/Merkblaetter/Internet2014.pdf (Zugriff: 11.04.2015).

Rost, Friedrich; Stary, Joachim (2013): Schriftliche Arbeiten ‚in Form' bringen. Zitieren, Belegen, ein Literaturverzeichnis anlegen. In: Franck, Norbert; Stary, Joachim (Hg.) Die Technik wissenschaftlichen Arbeitens. Eine praktische Anleitung. 17. überarb. Auflage. Paderborn: UTB Ferdinand Schöningh, S.173-189.

---

[20]   Siehe   http://auffinden-zitieren-dokumentieren.de/zitieren/empfohlene-datenzitation/ (Zugriff: 24.04.2015)

6. Soft skills that matter: Referate halten, Gruppenarbeit und Zeitplanung

In den vorangegangenen Kapiteln haben Sie Tipps bekommen, wie Sie Literatur recherchieren, lesen und zitieren, wie Sie eine soziologische Fragestellung finden und wie Sie diese im Rahmen eines Essays oder einer Hausarbeit beantworten. Neben diesen stark auf das schriftliche wissenschaftliche Arbeiten abzielenden Arbeitstechniken gibt es eine Reihe weiterer Techniken und Fähigkeiten, die im Soziologiestudium relevant sind. Dazu gehört das mündliche Präsentieren. Sie werden Referate nicht immer allein, sondern auch in Gruppenarbeit halten. Die Zusammenarbeit in der Gruppe ist nicht immer einfach, aber sie hat durchaus ihre Vorzüge, wie wir zeigen werden. Neben Referaten und Gruppenarbeit ist das persönliche Zeitmanagement und damit verbunden die Priorisierung von Aufgaben eine weitere (oft unausgesprochene) Leistung, die im Studium anfällt. Schließlich sind Sie die ganze Zeit damit beschäftigt, Ihre Zeit zu organisieren: sei es im Semester, wo Sie neben den verschiedenen Lehrveranstaltungen möglicherweise einem Nebenjob nachgehen, ehrenamtlich tätig sind oder familiäre Verpflichtungen haben, und auch in den Semesterferien, wenn Sie neben dem Schreiben der Essays und Hausarbeiten möglicherweise ein Praktikum absolvieren oder einfach mal Urlaub machen.

Um Sie dabei zu unterstützen, diese vielfältigen Anforderungen zu meistern, wollen wir Ihnen in diesem abschließenden Kapitel einige Tipps zu sogenannten „weichen Fähigkeiten" (*soft skills*) geben, das sind soziale, (selbst-) organisatorische und kommunikative Kompetenzen (wie Präsentieren, Teamarbeit und Zeitmanagement), die Sie in Ergänzung zu Ihren fachlich-inhaltlichen Fähigkeiten (den sogenannten *hard skills*) benötigen, um erfolgreich zu studieren.

Zunächst stellen wir dar, was ein gelungenes Referat auszeichnet, worauf Sie in der Vorbereitung achten sollten und wie Sie mit Lampenfieber umgehen können. Danach thematisieren wir, was bei der Gruppenarbeit mit anderen Studierenden zu beachten ist. Und schließlich gehen wir darauf ein, wie Sie Ihre Zeit ‚managen' und Ihre Aufgaben priorisieren können, um nicht jedes Semester erneut vor dem Problem zu stehen, dass Sie sich fragen, wie das eigentlich alles zu bewältigen ist.

6.1 Wie halte ich ein gutes Referat?

Schon im ersten Semester Ihres Soziologiestudiums können Sie die Aufgabe erhalten, ein Referat zu halten. Laut Norbert Franck (2012) hat das Referieren in einem Seminar im Studium einen großen Vorteil im Vergleich zu anderen Vorträgen und Präsentationen, z.b. auf Konferenzen oder in der Öffentlichkeit: „In einem Seminar verlassen die Zuhörerinnen und Zuhörer nicht den Raum, wenn das Referat eines Studenten sie langweilt. Insofern ist die Hochschule ein Schonraum." (Franck 2012:10). Das ist doch schon mal was. Aber Sie möchten sicher niemanden langweilen – wie stellen Sie es also an, auf lebendige, ansprechende Art und Weise ein interessantes, wissenschaftliches Referat zu halten, bei dem niemand den Raum verlassen *möchte*?

Zunächst einmal ist für die inhaltliche Vorbereitung entscheidend, dass Sie klären, was genau die Aufgabenstellung ist. Wenn Sie sich die Inhalte angeeignet haben (z.b. die Texte gelesen und durchgearbeitet haben), besteht der nächste Schritt darin, die zentralen Inhalte aufzubereiten und dem Referat eine Struktur zu geben. Sie können Ihre Präsentation technisch unterstützen (z.b. durch den Einsatz von Folien). Als letzten Punkt gehen wir auf das „Wie" des Vortragens, d.h. die mündliche Präsentation selbst ein.

6.1.1 Wie lautet die Aufgabenstellung?

Verschaffen Sie sich zunächst Klarheit darüber, was die genaue Aufgabe ist. Gerade in den frühen Semestern kann die Aufgabenstellung für ein Referat relativ ,einfach' sein: Sie übernehmen die Vorbereitung eines Textes, um diesen im Seminar zur Diskussion zu stellen.[1] Das heißt, dass Sie im Gegensatz zu schriftlichen Arbeiten weder viel Zeit in das Finden eines geeigneten Themas noch in die Recherche von Literatur investieren müssen, sondern ,nur' einen vorgegebenen Text zusammenfassen und für die Diskussion im Seminar aufbereiten. Wenn dies die eigentliche Aufgabenstellung ist, sind noch einige Rahmenbedingungen zu klären:

• Wie lange haben Sie Zeit?

Die vorgesehene Dauer der Präsentation ist ein wichtiger Punkt, der jedoch häufig nicht ernst genug genommen wird. Auch wenn die Dozentin oder der Dozent eine Zeitvorgabe nennt, wie lange ein Referat dauern soll, wird dies bei der Vorbereitung nicht angemessen berücksichtigt. Überlange (und nur sehr selten zu kurze) Referate sind die Folge, die nicht nur für Ihre Mit-Studierenden, sondern auch für Ihren Dozenten oder Ihre Dozentin zur Geduldsprobe werden. Doch selbst wenn Sie keine konkreten Vorgaben bekommen, können Sie sich an folgender Faustregel orientieren: Ab circa 20 Minuten reiner Vortragszeit wird die Aufmerksamkeit Ihrer Zuhörerinnen und Zuhörer langsam schwinden. Wenn Sie einen länge-

---

[1]   Selbstverständlich gibt es auch andere Aufgabenstellungen für Referate. So stellt sich in Seminaren der Methodenausbildung oft die Aufgabe, das Forschungsdesign, Zwischenergebnisse oder Ergebnisse einer eigenen empirischen Arbeit vorzustellen. Zu Beginn des Soziologiestudiums werden Sie jedoch meist vor der Aufgabe stehen, Texte in Form eines Referats zur Diskussion zu stellen, entweder eigens recherchierte und/oder die vom Dozenten oder der Dozentin vorgegebenen.

ren Zeitrahmen zur Verfügung bekommen, fahren Sie gut damit, Ihren Vortrag besonders lebendig zu gestalten: Bauen Sie visuelle und interaktive Elemente (z.B. Fragen oder Videoausschnitte) ein und/oder arbeiten Sie in einer Gruppe und wechseln sich beim Sprechen ggf. mit Ihren Mitreferenten und Mitreferentinnen ab (siehe 6.1.4).

- Welches Vorwissen können Sie voraussetzen, d.h. können Sie davon ausgehen, dass der Text gelesen wurde?

Manchmal stellen Referate zusätzliche Texte vor, die nicht zur Basis- oder Pflichtlektüre gehören und von den anderen Teilnehmerinnen und Teilnehmern des Seminars nicht gelesen werden müssen. In diesem Fall können Sie weniger Wissen bei Ihren Zuhörerinnen und Zuhörern voraussetzen und sollten mehr erläutern und erklären (z B. zum Gesamteindruck, dem übergeordneten Thema, dem Aufbau des Textes etc.). Aber auch, wenn die Aufgabenstellung offiziell lautet, einen Text vorzubereiten, den alle Anwesenden gelesen haben (sollten), fahren Sie gut damit, sich nicht zu sehr darauf zu verlassen. Unser Rat: Gehen Sie davon aus, dass es möglicherweise nicht alle geschafft haben, den Text zu lesen, und halten Sie das Referat so, dass auch diese Kommilitonen und Kommilitoninnen Ihnen folgen können.

- Welche Vortragsmedien stehen zur Verfügung?

Diese Frage stellen sich heute die wenigsten Studierenden, da sie davon ausgehen können, dass in ihrem Seminarraum ein Computer mit Beamer zur Verfügung steht, um die Präsentation visuell zu unterstützen. Früher war dies anders. Da gab es unter Umständen nur einen Overhead-Projektor für Folien oder gar keine Technik. Wenn Sie sich also heute auf Ihr Referat vorbereiten, stellt sich eher die Frage, ob Sie Ihr eigenes Laptop mitbringen können und sollen und ob dies kompatibel mit der Technik des Beamers ist.

- Wird ein Handout zur Präsentation erwartet?

Finden Sie heraus, ob Sie Ihre Folien ausdrucken sollen – z.B. als Bewertungshilfe für die Dozentin oder den Dozenten –

und/oder ob Sie auch für Ihre Kommilitoninnen und Kommilitonen ein Handout, d.h. eine ein- bis zweiseitige Zusammenfassung der wichtigsten Punkte Ihres Vortrags erstellen
sollen. Ein Handout wird zu Beginn des Referats ausgehän-
digt (daher der Name) und enthält in der Regel Angaben zu
Ihrem Namen, dem Seminar, der Sitzung, dem Thema, ggf.
den Texten (mit Quellenangabe), auf die sich das Referat
bezieht, sowie Angaben zu den wichtigsten Inhalten, Thesen
und Fragen Ihres Referats. Handouts können Zitate enthalten, aber auch Stichworte, sie sind meist keine ausformulier-
ten Fließtexte. Vom Umfang sind sie meist nicht länger als
ein bis zwei Seiten.

• Sollen Sie Fragen für die Diskussion vorbereiten?

Auf Referate folgt meist eine Diskussion. Finden Sie heraus,
ob Sie die Diskussion vorbereiten sollen – und wenn ja, ob Sie
die Diskussion auch moderieren, oder ‚nur' Fragen dafür formulieren. Hinweise zur Vorbereitung von Fragen für die Diskussion finden Sie unten.

6.1.2 Wie baue ich das Referat auf?

Wie gehen Sie nun konkret vor, um ein Referat zu konzipieren?
Wenn es sich um die Zusammenfassung eines Textes für ein
bestimmtes Sitzungsthema im Seminar handelt, werden Sie
diesen Text zunächst lesen, seine Argumentation erfassen und
die Inhalte stichpunktartig exzerpieren. Hierfür können Sie alle
Schritte anwenden, die wir Ihnen in Kapitel 3 zum Lesen und
Exzerpieren an die Hand gegeben haben. Das bedeutet, die
inhaltliche Erschließung eines Textes ist die gleiche, egal ob
Sie den Text für eine schriftliche Prüfungsleistung oder für eine
mündliche Präsentation nutzen. Erst wenn Sie sich den Text

oder die Texte angeeignet haben, können Sie sich in einem zweiten Schritt Gedanken über Inhalt und Struktur der Präsentation machen. Die grundlegende Struktur eines Referats ist einfach: Jeder Vortrag benötigt eine Einleitung, einen Hauptteil und einen Schluss.

Auf den Anfang kommt es an: Die Einleitung

Eine gute Einleitung führt die Zuhörerinnen und Zuhörer zum Thema hin und weckt das Interesse und die Aufmerksamkeit. Doch zunächst einmal stellen Sie sich namentlich vor (falls Sie ein Referat in Gruppenarbeit halten, werden alle Referentinnen und Referenten zu Beginn vorgestellt). Sie benennen Ihr Thema und ggf. den Text auf dessen Grundlage Sie Ihr Referat halten. Dann wecken Sie das Interesse: Worum geht es? Für einen gelungenen Einstieg können Sie beispielsweise die Beschreibung eines aktuellen Ereignisses aus dem Tagesgeschehen oder einer Situation aus Ihrem Alltag wählen, um die Relevanz des Themas, um das es geht, nachvollziehbar zu machen. Oder Sie stellen einen Bezug her, in dem Sie Ihr Thema in den bisherigen Seminarverlauf einordnen (z.B. "Bisher haben wir uns vor allem mit X beschäftigt, heute steht ein anderer Aspekt im Mittelpunkt: Y."). Geben Sie am Anfang Ihrer Präsentation einen Überblick zur Orientierung, was die Zuhörerinnen und Zuhörer erwartet – dann fällt es diesen leichter, sich darauf einzustellen und Ihnen zu folgen. Geben Sie einen Überblick über die Inhalte, nicht den formalen Aufbau. Also nicht: „Nach der Einleitung folgt der Hauptteil und dann der Schluss", sondern: „Nachdem ich die Fragestellung des Textes vorgestellt habe, erläutere ich die theoretischen Annahmen. Auf das Forschungsdesign gehe ich kurz ein, bevor ich ausführlich die empirischen Ergebnisse vorstelle. Ich schließe mit einer kritischen Würdigung des Textes und Fragen für die Diskussion."

Das Wesentliche im Zentrum: Der Hauptteil

Im Hauptteil des Referats erfolgt die inhaltliche Auseinandersetzung mit dem Thema. Dazu werden Sie Ihre Stichpunkte und Zusammenfassungen nutzen, die Sie zur Erschließung des Textes oder der Texte bereits erstellt haben.[2] Doch in einem Vortrag können Sie nie alles vorstellen, was ein geschriebener Text beinhaltet. Ihre Hauptaufgabe bei der Konzipierung des Hauptteils ist es also, eine sinnvolle Auswahl dessen zu treffen, was Sie präsentieren, und vieles andere wegzulassen. Sie dürfen ein Referat also nicht mit einem Wissensnachweis verwechseln, im Sinne „Was-ich-alles-weiß, bringe ich auch in meinem Vortrag unter" (Franck 2012:40f.). Lösen Sie sich von dieser Vorstellung und wählen Sie die Aspekte aus, die besonders interessant und relevant sind. Finden Sie dabei eine Mischung aus a) Textzusammenfassung und Widergabe (z.B. mithilfe von zentralen Zitaten) und b) eigener kritischer Bewertung. Selbst wenn es Ihnen schwer fällt, sich von bestimmten Formulierungen und inhaltlichen Punkten zu trennen: Vorträge gewinnen, wenn sie gekürzt werden, und weniger ist oft mehr. Denn wenn Sie es nicht schaffen, sich auf das Wesentliche zu konzentrieren, bekommen Sie folgendes Problem: Sie laufen Gefahr, Ihre Zuhörerinnen und Zuhörer zu „erschöpfen", wenn Sie versuchen, in ihrem Vortrag einen Sachverhalt „erschöpfend" zu behandeln (Franck 2012:27).

Und das Wichtigste: Am Schluss

Was am Schluss gesagt wird, bleibt bei Ihren Zuhörerinnen und Zuhörern normalerweise am Längsten ‚hängen'. Machen Sie sich daher Gedanken, welche Punkte Sie Ihren Zuhörerinnen und Zuhörern am Schluss mitgeben möchten.

---

[2]   Wenn die Aufgabe lautet, das empirische Forschungsdesign oder Ihre (Zwischen-)Ergebnisse im Rahmen eines Methodenseminars vorzustellen, werden Sie entsprechend diese Aspekte im Hauptteil behandeln.

Fassen Sie die wichtigsten Inhalte und Ergebnisse Ihres Vortrags nochmal kurz zusammen und formulieren Sie ein Fazit oder eine *take-home-message*, bringen Sie also auf den Punkt, was Ihre Zuhörerinnen und Zuhörer mit nach Hause nehmen sollen. Dieses Fazit kann eine Schlussfolgerung sein, was Sie aus dem Text gelernt haben, ein Ausblick, welche Fragen für Sie noch offen geblieben sind, ein einprägsames Bild, das Ihre Gedanken auf den Punkt bringt, Herausforderungen für die praktische Umsetzung oder Ähnliches. Ist nach Ihrem Vortrag eine Diskussion vorgesehen, können Sie am Schluss dorthin überleiten, indem Sie selbst Ihre Fragen für die Diskussion vorstellen. Überlegen Sie sich, wann und wie Sie Ihrem Publikum signalisieren, dass der Vortrag jetzt zu Ende ist (z.B. „Ok, das war's von uns – jetzt freuen wir uns auf die Diskussion" oder auch ein schlichtes „Danke für die Aufmerksamkeit.").

Das Nachspiel: Die Diskussion

Die erste Frage (an das Publikum nach einem Fachvortrag) sollte grundsätzlich lauten, ob es Verständnisfragen gibt (d.h. ob alle Begriffe und Inhalte aus dem Vortrag verstanden wurden). Haben Sie hiervor keine Angst, denn Sie sind normalerweise so gut vorbereitet, dass Sie alle inhaltlichen Nachfragen ohne Probleme beantworten können. Außerdem sind da ja auch noch die Dozentin oder der Dozent und die anderen Studierenden, die möglicherweise etwas zu der Beantwortung beisteuern können. Wenn es zu Ihrer Aufgabe gehört, die Diskussion zu moderieren, bitten Sie um Einschätzungen und Kommentare zu den von Ihnen vorformulierten Fragen für die Diskussion und laden Sie ein, ggf. weitere Fragen zu stellen. Achten Sie darauf, dass die Verteilung der Redebeiträge ausgewogen ist und alle, die etwas sagen oder fragen wollen, zu Wort kommen. Wenn Sie das Referat als Gruppe halten, ist es hilfreich, vorher zu klären, wer in der Diskussion die Rolle der Moderation übernimmt (und z.b. eine Redeliste führt).

6.1.3 Wie nutze ich Visualisierungs-Technik sinnvoll?

In vielen Seminaren ist es Standard, dass Sie Ihr Referat mit Hilfe einer Microsoft PowerPoint-, Prezi[3]- oder LaTeX[4]-Präsentation visuell unterstützen. Dies ist nicht nur eine Fleißübung, sondern hilft Ihren Zuhörerinnen und Zuhörern, denn eine gelungene visuelle Begleitung eines Vortrags erhöht die Merkfähigkeit. Damit die visuelle Unterstützung Ihrer Präsentation auch tatsächlich ihren Zweck erfüllt und nicht für Ablenkung oder Verwirrung sorgt, ist es hilfreich, folgende Punkte zu berücksichtigen:

- Nehmen Sie nicht zu viel Text auf eine Folie – es reichen eine Überschrift und drei bis fünf Stichpunkte. Wenn Sie zu viel Text auf Ihren Folien haben, werden Ihre Zuhörerinnen und Zuhörer damit beschäftigt sein, diesen zu lesen und Ihnen dann nicht mehr zuhören.
- Achten Sie auf gute Lesbarkeit und nutzen Sie eine große Schrift. Generell bieten sich für Präsentationen schlichte

---

[3]   Prezi ist ein plattformunabhängiges cloud-abhängiges Präsentationsprogramm, das kostenlos zur Verfügung gestellt wird, wenn die damit erstellten Präsentationen öffentlich einsehbar sind (siehe http://prezi.com/, Zugriff: 10.04.2015). Bei Prezi arbeitet man auf einer Präsentationsfläche, auf der beispielsweise Textfelder, Bilder oder Filme eingefügt werden können. Die Objekte können dann vergrößert, verkleinert, gedreht und verschoben sowie über Pfade miteinander verbunden werden (http://de.wikipedia.org/wiki/Prezi, Zugriff: 10.04.2015). Dadurch kann man viel ‚spektakulärere' bzw. dynamischere Präsentationen erstellen als beispielsweise mit Microsoft PowerPoint, doch es benötigt auch etwas Übung.

[4]   LaTeX ist eine kostenlos verfügbare Software, mit der Sie im Grunde all das machen können, was Ihnen auch das Microsoft-Office Paket ermöglicht, nur eben unentgeltlich. Allerdings schreiben Sie hierfür den Quellcode Ihrer Dokumente selbst, sprich es erfordert einiges an Einarbeitungszeit, bis Sie LaTeX sinnvoll im Studium nutzen können (siehe http://www.latex-project.org/) (Zugriff: 10.04.2015)

Schriftarten an, die keine ‚Schnörkel' (inklusive sogenannter Serifen) besitzen. Schlichte, serifenlose Schriftarten sind z.B. Arial oder Helvetica.[5] Mit Blick auf die Schriftgröße verwenden Sie für Überschriften mindestens 24 bis 28 Punkt, der Text sollte nicht kleiner als 20 Punkt sein.

- Ziehen Sie grafische Elemente in Erwägung, um Inhalte zu kommunizieren, Sachverhalte zu illustrieren und die Präsentation ästhetisch ansprechender zu gestalten. Abbildungen und Tabellen können Informationen in komprimierter Form darstellen, sie verdeutlichen durch Reduktion und werden in Ihrem Vortrag erläutert.

- Erstellen Sie nicht zu viele Folien für Ihre Präsentation. Damit die Zuhörerinnen und Zuhörer ihre Folien auch erfassen können, planen Sie für jede Folie ca. zwei bis drei Minuten Redezeit ein. Takten Sie die Folien also nicht zu eng, und nutzen Sie die Folien als Gelegenheit, Ihrer Präsentation einen dynamischen, aber nicht gehetzten Rhythmus zu geben. Als Faustregel gilt, nur halb so viele Folien wie Minuten in Redezeit zu erstellen, d.h. für einen Vortrag von 30 Minuten maximal 15 Folien (ohne Titelfolie).

- Gestalten Sie Ihre Folien einheitlich, d.h. nutzen Sie z.B. für Überschriften immer die gleiche Schriftart und Größe.

- Setzen Sie Farben – wenn, dann – bewusst ein. Farben heben hervor, und gleiche Farben und Formen signalisieren Sinnzusammenhänge. Daher können Sie sich überlegen, ob Sie inhaltlich ähnliche Aspekte auf die gleiche Art und Weise hervorheben (z.B. Hypothesen oder Vorannahmen

---

[5] Serifen sind die Mini-Striche oder kleinen Schwünge an den Buchstaben, wie sie z.B. bei der Schriftart ‚Times New Roman' vorkommen. Schriftarten mit Serifen erleichtern das Lesen von längeren Fließtexten, und sind daher für das Verfassen von schriftlichen Arbeiten geeignet. Bei visuellen Präsentationen (mit Stichworten und kürzeren Textbausteinen) eignen sich dagegen insbesondere klare, serifenlose Schriftarten. Letztendlich ist die Wahl der Schriftart aber eine ästhetische Frage, und kaum ein Dozent oder eine Dozentin wird Sie in dieser Hinsicht zu stark beschränken.

immer in grün und fett oder Beispiele in dunkelblau oder grau statt schwarz). Beachten Sie, dass eine helle Schriftfarbe (z.B. gelb) auf hellem Untergrund (z.B. weiß) nur schwer zu lesen ist.

• Betrachten Sie das Gesamtergebnis: Sind Ihre Folien ansprechend und gut lesbar? Holen Sie sich ggf. ein Feedback von anderen.

6.1.4 Wie präsentiere ich gekonnt?

Ein Referat – oder allgemeiner: eine mündliche, wissenschaftliche Präsentation – unterscheidet sich wesentlich von einem schriftlichen wissenschaftlichen Text. Gesprochene Sprache ist nicht gleich geschriebene Sprache, denn wenn Sie mündlich präsentieren, sind Sie als Sprechende oder Sprechender körperlich anwesend, ebenso wie Ihr Publikum. Das bedeutet, dass wir anders formulieren (kürzere Sätze, weniger verschachtelt), und dass wir unsere körperliche Präsenz und Interaktion mit dem Publikum berücksichtigen (z.B. durch Blickkontakt). Es stellen sich also die Fragen: Wie sprechen wir? Wie treten wir auf? Wie beziehen wir das Publikum mit ein?

Der freie Vortrag (im Gegensatz zum abgelesenen Vortrag) besticht durch seine Lebendigkeit und seine größeren Möglichkeit zur Interaktion mit dem Publikum (wenn man z.B. in lauter fragende Gesichter schaut, kann man darauf reagieren und eine Erläuterung anbieten). Der frei gehaltene Vortrag ist oft das Ideal, aber kein Muss. In jedem Fall ist es sinnvoll, dass Sie in der Vorbereitung und als Gedankenstütze ein Vortragsmanuskript erstellen. Gewöhnlich wird zwischen einem wörtlich ausgearbeiteten Manuskript und einem Stichwortmanuskript unterschieden (siehe dazu ausführlich Franck 2012:44ff.).

Das wörtlich ausgearbeitete Manuskript enthält Ihren Vortrag Wort für Wort und Satz für Satz. Das wichtigste Argument für diese Form des Manuskripts ist, dass es Ihnen Sicherheit gibt. Außerdem erlaubt ein vorformulierter Text eine hohe Genauigkeit im sprachlichen Ausdruck. Aber Vorsicht: Das kann auch zu einem Nachteil werden, denn das Publikum liest den Text ja nicht, sondern hört ihn. Ist die Sprache zu komplex und verschachtelt und lesen Sie ihn zu schnell vor, kann Ihr Publikum Ihnen nicht gut folgen. Außerdem wirkt ein abgelesener Vortrag meist wenig lebendig und kaum interaktiv, weil der Blickkontakt zum Publikum erschwert ist. Versucht man beim Ablesen aufzugucken, verrutscht man manchmal in der Zeile und findet im Manuskript nicht mehr die richtige Stelle, daher ist die Versuchung groß, alles abzulesen. Gleichzeitig erfordert ein ausgearbeitetes Manuskript sehr viel Zeit für die Vorbereitung. Insofern würden wir Ihnen eher raten, mit einem Stichwortmanuskript zu arbeiten, bei dem nur einzelne Aspekte – z.B. ein Zitat oder eine Begriffs-Definition – ausformuliert sind.

Wenn Sie sich allerdings für ein ausgearbeitetes Manuskript entscheiden, dann formulieren Sie keinen Text in Schriftsprache, sondern berücksichtigen Sie die Besonderheiten der wörtlichen Sprache und formulieren Sie so, wie Sie wirklich sprechen. Schriftsprache als Vortrag klingt steif und enthält oft zu lange Sätze, um inhaltlich nachvollziehbar zu sein. Daneben gibt es eine Reihe formaler Kriterien, die Ihnen die Nutzung eines ausgearbeiteten Manuskripts erleichtern:

- Schreiben Sie so groß, dass Sie den Text ohne Mühe lesen können (mindestens Schriftgröße 14 Punkt und 1,5 Zeilen Abstand).
- Lassen Sie einen breiten Rand, um den Text gut überblicken zu können – und sich ggf. Anmerkungen machen zu können, beispielsweise Markierungen, wo Sie zur nächsten Folie wechseln möchten.
- Heben Sie einzelne inhaltliche Punkte deutlich voneinander ab.

- Nutzen Sie Hervorhebungen (fett, kursiv, unterstrichen), aber nutzen Sie sie in Maßen, denn sonst wird Ihr Text unübersichtlich.

Die oben genannten Nachteile eines ausgearbeiteten Manuskripts können bei einem Stichwortmanuskript vermieden werden. Wenn Sie schon häufiger ein Referat gehalten haben, sind Sie wahrscheinlich in der Lage, Ihre gesamte Vorbereitung in Stichworten niederzuschreiben. Wenn Sie noch nicht so geübt sind, kann es hilfreich sein, den Text in ganzen Sätzen zu auszuarbeiten und erst im zweiten Schritt auf Stichworte zu reduzieren. Im Referat selbst formulieren Sie zu diesen Stichworten dann die entsprechenden Sätze. Dadurch wird Ihr Vortragsstil lebendiger und Sie haben nicht das Problem, dass Sie zu sehr ablesen und an Ihrem Manuskript ‚kleben'. Wenn Sie richtig fortgeschritten sind, reicht es Ihnen oft, dass Sie die entsprechenden Stichpunkte auf der PowerPoint- oder Prezi-Präsentation vorliegen haben und den Rest frei erzählen (sogar ohne Stichwortmanuskript).

Ein Stichwortmanuskript (oder Moderationskarten mit Stichwörtern) basiert auf Stichwörtern, aber schließt, wie oben bereits angedeutet, nicht aus, dass Sie bestimmte Passagen vollständig ausformulieren. Dies bietet sich zum Beispiel für Zitate und Begriffsdefinitionen an. Um Ihnen den Einstieg zu erleichtern, können Sie auch die ersten Sätze der Einleitung ausformulieren. Oder den Schluss: Das hilft, wenn Sie nach einem längeren Vortrag vielleicht nicht mehr ganz so konzentriert sind, aber Ihren Vortrag zu einem gelungenen, pointierten Abschluss bringen möchten. In jedem Fall raten wir Ihnen, auch bei einem Stichwort-Manuskript, Zitate vollständig und mit Quellenangabe aufzuschreiben, damit Sie im Vortrag korrekt zitieren (ohne sich zu der Projektion an der Wand umdrehen und damit vom Publikum abwenden zu müssen).

Neben der Erstellung eines Redemanuskripts, ob ausformuliert oder in Stichworten, sollten Sie Ihren Vortrag im Vorfeld auch üben, am besten mehrmals und mit dem entsprechenden Medieneinsatz. Präsentieren kann man lernen. Schon beim Üben zu Hause, in der Lerngruppe vor einem Freund oder einer Freundin oder Bekannten ist es wichtig, dass Sie anstreben, die Zeitvorgaben für die Länge einzuhalten. Wenn Sie beim Übungsvortrag über dem Zeitlimit sind, ist das ein Hinweis darauf, dass Sie Ihre Präsentation an der einen oder anderen Stelle kürzen sollten. Beim Üben benötigen wir häufig weniger Zeit – anders herum gesagt, der tatsächliche Vortrag dauert oft länger als die Übungspräsentation, daher kürzen Sie, wenn Sie bereits beim Üben über der zeitlichen Vorgabe liegen.

In der Präsentation selbst bietet es sich an, die folgenden rhetorischen Mittel zu berücksichtigen:

- Sprechen Sie angemessen laut, deutlich und langsam.
- Machen Sie bewusst Sprechpausen, besonders nach wichtigen inhaltlichen Punkten, z.B. zentralen Definitionen, Zitaten, Widersprüchen, oder Ähnlichem.
- Sprechen Sie zum Publikum und nicht zum Computer oder zum Manuskript, d.h. nehmen Sie Blickkontakt mit dem Publikum auf.
- Wenn der Seminarraum dies zulässt, stellen Sie sich zum Vortrag hin: Ein Vortrag im Stehen wirkt dynamischer und kann Lampenfieber vermindern.
- Binden Sie das Publikum aktiv ein, z.B. indem Sie Fragen stellen oder jemanden auffordern, ein längeres Zitat vorzulesen.
- Wenn Sie nicht wissen, wohin mit Ihren Händen, halten Sie Ihre Stichwortzettel oder einen Stift in den Händen. Vermeiden Sie jedoch, damit nervöse Bewegungen zu machen (z.B. permanentes Klicken mit der Kugelschreibermine oder Abbrechen des Stifthalters).

- Achten Sie auf die Zeit: Haben Sie eine Uhr in Ihrem Blickfeld und orientieren Sie sich daran.
- Wenn Ihnen signalisiert wird, dass Sie zu einem Ende kommen müssen, setzen Sie sich nicht darüber hinweg. Stattdessen überspringen Sie einige Ihrer Folien und kommen zum Schluss – führen Sie aber den Schluss noch aus, um den Vortrag abzurunden.

Wenn Sie eine Präsentation in der Gruppe vorbereiten, verteilen Sie klare Redeaufgaben. Alle Beteiligten sollten ungefähr ähnlich lange Redeanteile haben, aber meist ist es weder möglich noch notwendig, dass Sie alle einen gleich großen inhaltlichen Block präsentieren. Überlegen Sie sich, wer die Einleitung macht, wer welche Inhalte präsentiert und wer für den Schluss und die Diskussionsleitung zuständig ist. Die Person für die Einleitung hat dann die Aufgabe, sich selbst und die anderen vorstellen, zum Thema hinzuführen, die Zusammenhänge zum Seminar herstellen und die Struktur des Vortrags zu erläutern. Das ist für das Verständnis der Präsentation genauso wichtig wie die konkreten Inhalte. Und auch die Person, die für den Schluss zuständig ist, wird weniger auf den Text als solchen eingehen, sondern die wichtigsten Punkte zusammenfassen und die anschließende Diskussion (an-)moderieren.

Lampenfieber?

Abschließend noch ein paar Worte zum Lampenfieber. Gerade wenn Sie am Anfang des Studiums stehen und während Ihrer Schulzeit keine oder nur wenige Referate gehalten haben, sind Sie vor einem Referat möglicherweise sehr nervös. Doch seien Sie beruhigt, das betrifft nicht nur Sie, fast alle kennen Lampenfieber. In gewissem Maße ist Lampenfieber sogar positiv, denn es wirkt aktivierend und ist damit bis zu einem gewissen Grad unterstützend für den Vortrag. Erst wenn es Sie blockiert und Sie vor Aufregung den Faden oder Ihre Stimme verlieren, wird Lampenfieber zum Problem. Aber seien Sie unbesorgt: Auch das ist kein Weltuntergang. Atmen Sie tief durch, konzentrieren Sie sich auf eine freundliche Person im Publikum und nutzen Sie Ihre Stichwörter. Grundsätzlich wirkt eine gute Vorbereitung Wunder. Ihr Lampenfieber ist sehr wahrscheinlich geringer, wenn Sie sich inhaltlich gut eingearbeitet haben, Ihr Vortragsmanuskript auf Ihre Bedürfnisse zugeschnitten ist und Sie den Vortrag schon mal geübt haben. Im Umkehrschluss bedeutet dies: Den Vortrag nicht erst kurz vor knapp fertigstellen.

Um den Einstieg besser zu meistern und Ihre Nervosität zu reduzieren, kann es auch hilfreich sein, die ersten Sätze Ihres Vortrags im Manuskript wörtlich auszuformulieren. Zwar hat das den Effekt, dass Sie zu Beginn etwas am Manuskript ‚kleben', aber falls Sie sehr aufgeregt sind, hilft es, einen kompletten Blackout am Anfang zu vermeiden. Nach wenigen bekannten Sätzen ist es dann einfacher, frei bzw. mit Hilfe von Stichworten weiterzumachen. Wenn Sie während des Vortrags nervös sind, hilft auch ein Glas Wasser gegen den trockenen Mund und um eine kurze Redepause zu machen. Wenn Sie während Ihres Vortrags nicht weiterwissen, scheuen Sie sich nicht, dies kurz zu thematisieren und dann zum letzten Punkt zurückzukehren. Meist finden Sie dann von selbst wieder in Ihre Präsentation zurück. Falls Sie das Referat als Gruppe halten, lassen Sie sich von Ihren Kommilitoninnen und Kommilitonen helfen – das kann dann sogar sehr positiv wirken, weil Sie zeigen, dass Sie im Team arbeiten.

6.2 Gruppenarbeit: Wie arbeite ich im Team?

Um es gleich vorweg zu sagen: Gruppenarbeit kann anstrengend und nervenaufreibend sein, aber sie lohnt sich – und zwar in mehrerer Hinsicht. Zum einen können Sie sich durch den Austausch und die Zusammenarbeit mit anderen gründlicher in die Materie einarbeiten. Wenn die Zusammenarbeit funktioniert, diskutieren Sie unklare Textstellen, ziehen verschiedene Lesarten in Erwägung und profitieren von den Kenntnissen und Fragen der anderen. Durch die Verschränkung der Perspektiven bekommen Sie ein komplexeres Bild des Gegenstandes. Oft fallen uns die blinden Flecken unserer Einzelperspektive erst auf, wenn wir mit anderen darüber reden. Der Austausch mit *Peers* (engl. Unseresgleichen) ist bereichernd und erhöht die Qualität unserer wissenschaftlichen Arbeit.[6] Zum anderen kann Gruppenarbeit Ihre Arbeitsmotivation und -disziplin erhöhen (Buß, Fink & Schöps 1994:50). Sie sprechen sich ab, und wenn Sie zugesagt haben, bis zum nächsten Termin eine bestimmte Aufgabe zu erledigen, ist die Verbindlichkeit größer, als wenn Sie nur einen persönlichen Arbeitsplan haben, den außer Ihnen niemand kennt.[7]

Allerdings kann es passieren, dass die Absprachen nicht eingehalten werden. Was machen Sie dann? In der Gruppenarbeit läuft nicht immer alles rund. Sie können Ihren Teil dazu beitragen, Probleme zu vermeiden und schwierige Momente zu überwinden, indem Sie sich bemühen, klar und respektvoll zu kommunizieren, sachlich und konstruktiv Kritik zu üben und ebensolche auch anzunehmen.

---

[6]   Diese Einsicht steht auch hinter der Idee des *Peer Review* durch Fachkolleginnen und -kollegen zum Beispiel bei der Bewertung von Forschungsanträgen oder vor der Veröffentlichung in wissenschaftlichen Fachzeitschriften.

[7]   Allerdings gibt es auch das gegenteilige Phänomen: Personen arbeiten in Gruppen langsamer und weniger verantwortungsvoll als in Einzelarbeit – dieses Phänomen wird in der Sozialpsychologie auch „soziales Bummeln" (*social loafing*) genannt (Rost 2010:75).

Friedrich Rost (2010:75) beschreibt folgende Erfordernisse für eine gelingende Gruppenarbeit:

- „eine klare Aufgabenstellung bzw. Zielsetzung,
- einen größeren planerischen und organisatorischen Aufwand, insbesondere
- eine genaue Zeitplanung,
- eine erhöhte Arbeits- und Gruppendisziplin,
- ein hohes Maß an Verantwortungsbewusstsein sowie
- demokratische Regeln".

Wenn die Zusammenarbeit klappt, kann das Ergebnis besser sein als eines, das Sie in Einzelarbeit erstellen. Aber auch unabhängig von dem spezifischen Ergebnis der einzelnen Gruppenarbeit erwerben Sie gerade auch durch die Auseinandersetzung mit Krisen und Problemen eine Kompetenz zur Teamfähigkeit, die Ihnen auch bei ihrer späteren Berufstätigkeit dienlich sein kann.

Spielen wir die Gruppenarbeit doch mal an einem Beispiel durch: Kommen wir zurück zu der Aufgabe einer mündlichen Präsentation. Wenn Sie ein Referat als Gruppe erarbeiten und halten sollen und die Aufgabe darin besteht, einen oder mehrere Texte im Seminar vorzustellen, dann lesen Sie zunächst alle den gesamten Text bzw. die gesamten Texte. Teilen Sie den Text oder die Texte nicht vorzeitig auf, denn sonst gehen Ihnen die Vorzüge der Gruppenarbeit verloren. Eine Arbeitsteilung beim Lesen mag zunächst Arbeit und Zeit sparen, aber dadurch sind Sie nicht mehr in der Lage, verschiedene Lesarten zu diskutieren, wichtige von unwichtigen Teilen zu unterscheiden, die Informationen auf das Wesentliche zu reduzieren und Bezüge unter den Texten oder Textpassagen herzustellen. Da jede Referentin und jeder Referent auch ihren oder seinen Teil zum Besten geben möchte, führt eine solche Arbeitsteilung zudem zu überlangen und ermüdenden Referaten ohne inhaltliche Zuspitzung. Wenn Sie sich dagegen im

Vorfeld über die Zielrichtung des Referats verständigen, nachdem alle den Text (oder die Texte) gelesen haben, können Sie wichtige Textteile auch von zwei Personen zusammenfassen und besprechen lassen, während Sie unwichtige von vornherein weglassen.

Welche Tipps können wir Ihnen darüber hinaus zur Gruppenarbeit geben?

- Wenn Sie die Wahl haben, arbeiten Sie mit Personen zusammen, die Ihnen sympathisch sind, oder von denen Sie bereits wissen, dass Sie miteinander gut zusammen arbeiten können.
- Klären Sie die Arbeitsteilung: Verständigen Sie sich über den Arbeitsplan und die Aufgaben, die jede und jeder Einzelne übernimmt, d.h. treffen Sie genaue Absprachen: Wer macht was – und bis wann? Gehen Sie aber nicht zu früh zu arbeitsteilig vor.
- Nutzen Sie die jeweiligen Kompetenzen und Interessen der einzelnen Gruppenmitglieder – vielleicht versteht eine Person besonders viel von empirischer Forschung und die andere ist sehr versiert im Erstellen von Folien mit Power-Point?
- Kombinieren Sie Online- und Offline-Formen der Kommunikation, d.h. verständigen Sie sich über Möglichkeiten der internet-gestützten Zusammenarbeit (E-Mails, Skype-Gespräche etc.)[8] und kombinieren Sie diese mit Treffen, bei denen Sie persönlich anwesend sind.

---

[8]   Bitte achten Sie darauf, keine datenschutzrechtlich relevanten Unterlagen (z.B. qualitative Interviews und andere Daten) über ‚Dropbox' oder ähnlicher Anbieter im Netz zu speichern oder zu versenden. Erkundigen Sie sich stattdessen, ob es an Ihrer Universität oder Hochschule eine Möglichkeit gibt (z.B. über Moodle, LMU Teams, u.ä.), im Team online zusammen zu arbeiten, Unterlagen sicher zu speichern, hoch- und runterzuladen und gemeinsam an Texten u.ä. zu arbeiten, ohne dass private Anbieter auf Ihre Daten zugreifen und diese für andere Zwecke nutzen können.

- Planen Sie die Termine für persönliche Treffen frühzeitig – am besten gleich, wenn Sie als Gruppe den Auftrag erhalten haben, das Referat gemeinsam zu halten. Erfahrungsgemäß haben Studierende aufgrund ihrer vielen Verpflichtungen häufig Probleme, gemeinsame Termine für die Gruppenarbeit zu finden. Wenn Sie einen solchen möglichst frühzeitig festlegen und gleich noch vereinbaren, dass bis zu diesem Termin alle den Text oder die Texte lesen, erleichtert Ihnen das die Zusammenarbeit.[9]
- Wenn es Probleme in der Zusammenarbeit gibt, sprechen Sie diese offen, aber auf möglichst ruhige und respektvolle Art und Weise an, um gemeinsam eine Lösung zu finden. Wenn dies zu keinem Ergebnis führt, scheuen Sie sich nicht, auch den Dozenten oder die Dozentin um Hilfe zu bitten.

Wir haben es schon häufiger erlebt, dass Studierende mit Gruppenarbeit Probleme haben und dies mit uns besprechen. Wir haben je nach Einzelfall unterschiedliche Lösungen gefunden. Bei einer Gruppe ging es darum, dass eine Studentin mit Migrationshintergrund, die Deutsch als vierte Fremdsprache gelernt hatte, (noch) nicht so gut auf Deutsch sprechen und vor allem schreiben konnte wie die anderen. Die Mitglieder in ihrer Arbeitsgruppe hatten deshalb Angst um ihre Note. In diesem Fall bestand die Lösung darin, der Gruppe aufzuzeigen, welche anderen Kompetenzen diese Studentin hatte, die für die Gruppe hilfreich waren, und dies in der gruppeninternen Arbeitsteilung besser zu berücksichtigen. Sie hat dann die englischsprachige Literatur aufgearbeitet (eine Sprache, die sie wiederum besser beherrschte als die anderen) und ein weiteres Mitglied der Gruppe hat dafür die finale sprachliche

---

[9]   Sie können dafür auch die kostenlose Terminplanungssoftware Doodle nutzen (http://doodle.com/de/, Zugriff: 10.04.2015)

Überarbeitung der Gruppenhausarbeit übernommen (diese wurde in deutscher Sprache erbracht und letztendlich sehr gut benotet).

In anderen Fällen gibt es jedoch auch das Phänomen der Trittbrettfahrer und -fahrerinnen. Das sind Personen, die die von ihnen übernommen Aufgaben nicht erledigen, andere die Arbeit machen lassen und hoffen, dass es niemand bemerkt. Taucht dieses Problem in der eigenen Arbeitsgruppe auf, sind Studierende oft in einer Zwickmühle: Die Gruppenarbeit funktioniert nicht, aber sie wollen auch nicht ,petzen'. Auch hier ist zunächst die Aussprache untereinander angebracht – und wenn das nicht hilft, kann man die Dozentin oder den Dozenten bitten, gemeinsam nach einer Verständigung und Lösung zu suchen (eventuell ist es auch möglich, die Seminar- oder Prüfungsleistung in einer anderen Gruppenkonstellation oder in Einzelarbeit zu erbringen).

6.3 Zeitmanagement

Wie bereits mehrfach in diesem und in den anderen Kapiteln durchschien, ist eine gute Zeitplanung ein entscheidender Schlüssel zum Erfolg. Wenn Sie zu spät mit der Recherche anfangen, haben Sie nicht ausreichend Zeit, um eine gute Fragestellung zu entwickeln, zu verfolgen und zu einem hochwertigen Ergebnis zu kommen. Schieben Sie also die Vorbereitung und die ersten Schritte für Ihre wissenschaftliche Arbeit im Studium nicht zu lange hinaus. Grundsätzlich sollten Sie ausreichend Zeit einplanen, um Ihren Essays, Hausarbeiten und Referaten noch den letzten Schliff zu geben – wie wäre es, wenn Sie versuchen, bereits eine Woche vor Abgabetermin fertig zu sein?! So hätten Sie genügend Zeit, auch bei technischen Ausfällen, Formatierungsproblemen oder Ähnlichem gelassen zu bleiben und eine gute Leistung zu bringen. Es ist wirklich zu schade, wenn Sie eine schlechtere Note bekommen, nur weil Sie Ihre Präsentation nicht mehr ausreichend gekürzt haben oder weil Sie keine Zeit für die Endkorrektur hatten und die Form Ihrer schriftlichen Arbeit nicht den Zitations- und Schreibstandards entspricht.

Manchmal haben wir das Gefühl, in einem Meer von Aufgaben zu ertrinken oder vor einem Berg zu stehen, den wir nie im Leben erklimmen können. Uns hilft es in solchen Fällen, die zu erledigenden Aufgaben auf einen Zettel zu schreiben und dann in Form einer Liste zu priorisieren: das Wichtige nach oben und die nicht so wichtigen und nicht so dringlichen Dinge nach unten. Wenn man seine Arbeitsaufgaben in dieser Form ordnet und priorisiert, d.h. in eine Reihenfolge bringt (das Wichtigste und Dringliche zuerst), fällt es leichter, sich auf die einzelnen Aufgaben dann auch tatsächlich zu konzentrieren und diese zu erledigen. Der Berg ist dann gar nicht mehr so groß, wie er schien, weil Sie ihn heruntergebrochen haben in mehrere Häufchen, die viel leichter zu bewältigen sind.

Laut Lothar Seiwert (2009:114-120) bietet es sich an, zunächst einmal alle anstehenden Aufgaben zu sammeln und dann für jede dieser Aufgaben zu überlegen, ob sie dringend und/oder wichtig ist. A-Aufgaben sind wichtig und dringend und daher möglichst sofort zu erledigen. B-Aufgaben sind wichtig, aber nicht unbedingt dringend, können daher noch etwas aufgeschoben werden (aber nicht zu lange, da sie sonst auch dringend werden). C-Aufgaben sind dringend, aber nicht wichtig. Diese sollten Sie mit möglichst wenig Zeit- und Arbeitsaufwand erledigen, um mehr Zeit für die wirklich wichtigen Aufgaben zu haben. Manchmal bietet es sich auch an, solche Aufgaben zwischendurch zu erledigen, wenn das Arbeiten an den wichtigen Aufgaben nicht möglich ist. Schließlich gibt es noch D-Aufgaben, die nicht dringend und nicht wichtig sind. Hier stellt sich die Frage, ob Sie sie diese Aufgaben überhaupt erledigen müssen oder einfach fallen lassen können. Generell ist die Einteilung in A-, B-, C- oder D-Aufgaben etwas, das Sie regelmäßig revidieren, da auch ‚nur wichtige' Aufgaben schnell ‚dringende und wichtige' werden können und Aufgaben, die anfangs weder dringend noch wichtig schienen, irgendwann einmal in der Priorität nach oben wandern können.

Eine mögliche Planung für ein Semester könnte dann so aussehen:

A-Aufgaben:
- Referat vorbereiten (Powerpoint erstellen) als Studienleistung für Seminar A
- Referat vorbereiten (Texte recherchieren, lesen und zusammenfassen) als Studienleistung für Seminar B
- Nebenjob

B-Aufgaben:
- Für Statistikklausur am Ende des Semesters lernen
- Essay für Seminar A als Prüfungsleistung im ersten Monat der Semesterferien schreiben
- Hausarbeit für Seminar B als Prüfungsleistung im zweiten Monat der Semesterferien schreiben

C-Aufgaben:
- Texte für Seminar A und B von Woche zu Woche lesen
- Hausaufgaben für den Statistikkurs erledigen

D-Aufgaben:
- Literatur der bisher besuchten Seminare sortieren und ordnen[10]

---

[10] Gerade diese D-Aufgabe ist vielleicht momentan weder dringend noch wichtig, kann jedoch vor dem Schreiben der BA- oder MA-Arbeit immer dringender und wichtiger werden.

Wenn das Schreiben der To-Do-List den ganzen Vormittag dauert, braucht man eigentlich garnicht mehr anzufangen, sie abzuarbeiten.

Natürlich wäre das eher die langfristige Planung für ein ganzes Semester. Um das Ganze jedoch noch besser bewältigen zu können, bietet es sich an, nicht nur Semester-, sondern auch Monats- und Wochenplanungen zu machen. Dafür sind die einzelnen Aufgaben immer weiter in ihre Einzelteile zu zerlegen, die dann wieder priorisiert und in eine zeitliche Reihenfolge gebracht werden. Beispielsweise können Sie für das Schreiben einer Hausarbeit die in diesem Buch aufgeführten einzelnen Arbeitsschritte ‚Finden einer Forschungsfrage', ‚Literaturrecherche', ‚Lesen und Exzerpieren', ‚Schreiben' sowie ‚Überarbeiten und finales Korrekturlesen' aufteilen und sich überlegen, wie viel Zeit Sie für die einzelnen Schritte aufbringen möchten und können.

Wenn Sie mit Ihrem Zeitmanagement beginnen, werden Sie feststellen, dass Sie auch hierfür einiges an Zeit benötigen. Und auch, dass Sie am Anfang vielleicht noch etwas unrealistisch in Ihrer Planung sind. Aber je häufiger und je systematischer Sie die anstehenden Aufgaben für sich sortieren und priorisieren, desto einfacher wird es Ihnen fallen, zu einer realistischen Einschätzung der Zeit zu kommen, die Sie dafür benötigen. Hier noch einige weitere Tipps, die Ihnen das ‚Managen' Ihrer Zeit erleichtern können:

- Setzen Sie sich ernstgemeinte Deadlines. Das beste Zeitmanagement bringt nichts, wenn Sie Ihre eigenen Deadlines ignorieren und ständig einreißen.
- Streichen Sie Ihren Aufgabenkatalog zusammen. Meist haben wir viel zu viel vor und können dies gar nicht in der uns zur Verfügung stehenden Zeit bewältigen. Die Priorisierung über A-, B-, C- und D-Aufgaben kann Ihnen hierbei helfen.
- Berücksichtigen Sie bewusst Zeitverluste, denn ‚unverhofft kommt oft'. Planen Sie also ein, dass Sie unter Umständen länger arbeiten müssen, krank werden, Terminfindungsprobleme für die Gruppenarbeit haben oder einfach nicht

so recht ins Schreiben kommen. Wenn Ihnen ein Richtwert hilft: Versuchen Sie ca. 20 Prozent Ihrer Zeit unverplant zu lassen.[11]

- Planen Sie genügend Pausen und Urlaube ein. Das wird häufig übersehen, aber wenn Sie Ihre Prüfungsleistungen für die Semesterferien planen, ist es natürlich wichtig, Ihre Zeit abzüglich der geplanten Urlaubswochen zu organisieren.

- Berücksichtigen Sie Ihre Arbeitsgewohnheiten. Manche Menschen sind Frühaufsteher und vormittags am leistungsfähigsten, andere brauchen dagegen den ganzen Vormittag, um wach zu werden und laufen erst in den Abendstunden zur Höchstform auf. Wie ist das bei Ihnen? Wenn Sie es herausgefunden haben, können Sie Ihre Arbeitsgewohnheiten auch in der Zeitplanung berücksichtigen: Als Frühaufsteher werden Sie dann eher in den Vormittagsstunden schreiben und nachmittags, wenn Ihr Tief kommt, nach Literatur recherchieren oder Ihre Arbeit formatieren.

- Akzeptieren Sie Ihre Grenzen – und auch, dass manche Anforderungen vielleicht einfach nicht zu bewältigen sind. Es kann Ihnen unter Umständen passieren, dass Sie in den kommenden zwei Monaten Semesterferien fünf Hausarbeiten schreiben müssten, um im Anschluss endlich scheinfrei zu sein. Aber wie realistisch ist das? Urlaub werden Sie dann sicherlich nicht machen. Statt alle Prüfungsleistungen sofort mehr schlecht als recht erfüllen zu wollen, können Sie sich (und ggf. Ihren Dozenten oder Ihre Dozentin) fragen, welche davon vielleicht zeitlich aufzuschieben sind und welche nicht.

---

[11]   Seiwert (2009:101) spricht sich sogar dafür aus, 50 Prozent der täglichen Zeit als Puffer offen zu halten, nicht nur für Unvorhergesehenes sowie Störungen und Ablenkungen, sondern auch für spontane und kreative Dinge oder einfach das soziale Miteinander, sprich das Schwätzchen oder den Kaffee zwischendurch.

- Belohnungen? Manchmal ist es auch hilfreich, wenn Sie sich für abgeschlossene Projekte belohnen. Häufig hetzen wir nämlich von einer Deadline zur nächsten und nehmen das, was wir erreicht haben und unsere Erfolge nur noch am Rande wahr. Wenn Sie sich aber zu Beginn einer Arbeit überlegen, was Sie sich selbst Gutes tun können, wenn Sie diese abgeschlossen haben, nehmen Sie Ihre eigenen Errungenschaften auch stärker war und können sich daran erfreuen.

Das waren nur einige wenige Tipps, die es Ihnen erleichtern können, Ihre Zeit besser zu planen. Zur Vertiefung des Themas gibt es dazu übrigens auch eine Fülle von Ratgeberliteratur und Kursen, die Sie konsultieren und besuchen können. Wenn Sie so Schritt für Schritt Ihre Zeit planen, erscheint der Berg, der vor Ihnen liegt, oft gar nicht mehr so groß, sondern machbar. Wenn Sie aber das Gefühl haben, dass das alles nichts hilft und Ihre Studierfähigkeit aufgrund von persönlichen Umständen, psychischen Problemen oder schwierigen Lebenssituationen stark eingeschränkt ist, zögern Sie nicht zu lange, bevor Sie mit Ihrer Dozentin oder Ihrem Betreuer darüber sprechen. Außerdem können Sie Rat bei entsprechenden Beratungsstellen für Studierende suchen, die es an fast jeder Hochschule und Universität gibt. Unsere Erfahrung hat gezeigt, dass ein klärendes Gespräch über eine mögliche Verlängerung von Deadlines, das Aussetzen und spätere Wiederholen von Prüfungsleistungen oder eine mögliche Unterbrechung des Studiums für eine gewisse Zeit sofort Entlastung bringt. Dadurch bekommen Sie Zeit, sich erst einmal auf das Wichtigste, nämlich Sie selbst, zu konzentrieren und nach möglichen Lösungen zu suchen.

Weiterführende Literatur:

Franck, Norbert (2012): *Gekonnt referieren. Überzeugend präsentieren. Ein Leitfaden für die Geistes- und Sozialwissenschaften.* Wiesbaden: Springer VS.

Franck, Norbert (2013b): Diskussionen bestreiten und leiten. In: Franck, Norbert; Stary, Joachim (Hg.) *Die Technik wissenschaftlichen Arbeitens. Eine praktische Anleitung. 17. überarb. Auflage.* Paderborn: UTB Ferdinand Schöningh, S.267-292.

Franck, Norbert (2013c): Lust statt Last (2): Referat, Vortrag. In: Franck, Norbert; Stary, Joachim (Hg.) *Die Technik wissenschaftlichen Arbeitens. Eine praktische Anleitung. 17. überarb. Auflage.* Paderborn: UTB Ferdinand Schöningh, S.217-248.

Rost, Friedrich (2010): *Lern- und Arbeitstechniken für das Studium. 6. Auflage.* Wiesbaden: VS Verlag für Sozialwissenschaften.

Seiwert, Lothar (2009): *Noch mehr Zeit für das Wesentliche. Zeitmanagement neu entdecken. 1. Auflage.* München: Wilhelm Goldmann Verlag.

Stary, Joachim (2013b): Referate visuell unterstützen: Visualisieren, Medien einsetzen. In: Franck, Norbert; Stary, Joachim (Hg.) *Die Technik wissenschaftlichen Arbeitens. Eine praktische Anleitung. 17. überarb. Auflage.* Paderborn: UTB Ferdinand Schöningh, S.249-265.

7. Tipps für Ihre Bibliothek

In diesem Kapitel haben wir für Sie einige Lesetipps zusammengestellt. Dabei handelt es sich um Einführungen und Nachschlagewerke, die den Einstieg in das Studium erleichtern, die aber auch für das weitere Studium relevant sind, weil sie das Einarbeiten in immer wieder neue Themenfelder und Arbeitsweisen unterstützen. Dabei ist es nicht möglich, eine vollständige Liste aller verfügbaren Werke zur Einführung in die Soziologie zu erstellen, weswegen wir für die einzelnen Themenbereiche bis zu drei Bücher ausgewählt haben, die wir selbst in unserer Lehre nutzen. Erkundigen Sie sich jedoch auch bei Ihren Dozentinnen oder Dozenten, ob sie Empfehlungen zur Einführung in die entsprechenden Themen haben.

7.1 Einführungen in die Soziologie

Es gibt eine große Vielzahl an allgemeinen Einführungen in die Soziologie, darunter Sammelbände, wie die folgenden, in denen ausgewiesene Expertinnen und Experten den Wissensstand zu einzelnen Themenbereichen überblicksartig darstellen und Tipps zum Weiterlesen geben:

- Baur, Nina; Korte, Hermann; Löw, Martina; Schroer, Markus (Hg.) (2008): *Handbuch Soziologie*. Wiesbaden: VS Verlag für Sozialwissenschaften.
- Joas, Hans (Hg.) (2007): *Lehrbuch der Soziologie*. 3. Auflage. Frankfurt/Main: Campus.

Zusätzlich gibt es Monografien, bei denen jeweils ein Autor oder eine Autorin in die Soziologie einführt (bzw. mehrere Autorinnen und Autoren gemeinsam einführen). Bei diesen Büchern sind oft die Bezüge der einzelnen Kapitel untereinander besser ausgearbeitet (weil das Buch ‚in einem Guss‘ geschrieben ist):

- Giddens, Anthony; Sutton, Philip W. (2013): *Sociology. 7. Auflage.* Cambridge: Polity Press.
- Meulemann, Heiner (2013): *Soziologie von Anfang an. Eine Einführung in Themen, Ergebnisse und Literatur.* Wiesbaden: VS Verlag für Sozialwissenschaften.
- Nassehi, Armin (2011): *Soziologie. Zehn einführende Vorlesungen. 2. Auflage.* Wiesbaden: VS Verlag für Sozialwissenschaften.

7.2 Spezielle Soziologien

Die Soziologie ist in viele spezialisierte Themenbereiche untergliedert, die sich jeweils durch besondere Diskussionslinien, Theoriebezüge und empirische Vorgehensweisen auszeichnen können. Diese spezialisierten Gebiete der Soziologie nennt man auch ‚Bindestrich-Soziologien‘ oder spezielle Soziologien. Beispiele dafür sind die Bildungssoziologie, die Migrationssoziologie, die Sportsoziologie, die Wissenssoziologie, die Wissenschaftssoziologie und viele mehr. Folgendes Handbuch gibt einen Überblick über die unterschiedlichen speziellen Soziologien:

- Kneer, Georg; Schroer, Markus (Hg.) (2009): *Spezielle Soziologien. Ein Handbuch.* 1. Auflage. Wiesbaden: VS Verlag für Sozialwissenschaften.

Um sich zu informieren, welche ‚Bindestrich-Soziologien‘, also welche Fachgebiete soziologischer Forschung es gibt, können Sie die Webseite der Deutschen Gesellschaft für Soziologie (DGS) besuchen und sich dort die einzelnen Sektionen genauer angucken:

* http://www.soziologie.de/

Viele Sektionen der DGS haben eigene Webseiten, auf denen sie nicht nur über ihre Aktivitäten berichten, sondern auch Literatur und Zeitschriften empfehlen.

Für die einzelnen speziellen Soziologien gibt es dann wieder Einführungen und Übersichtswerke, wie z.B. folgende Bücher zu den Bereichen Bildungssoziologie, Migrationssoziologie und Wissenssoziologie:

* Becker, Rolf (Hg.) (2011): *Lehrbuch der Bildungssoziologie: Fragestellungen, Theorien und empirische Befunde*. Wiesbaden: VS Verlag für Sozialwissenschaften.
* Heckmann, Friedrich (2015): *Integration von Migranten. Einwanderung und neue Nationenbildung*. Wiesbaden: Springer VS.
* Schützeichel, Rainer (Hg.) (2007): *Handbuch Wissenssoziologie und Wissensforschung*. Konstanz: UVK.

7.3 Qualitative Methoden der empirischen Sozialforschung

Wie wir im ersten Kapitel erläutert haben, wird in der Soziologie üblicherweise zwischen qualitativen und quantiativen Methoden der Sozialforschung unterschieden. Folgende Bücher eignen sich für einen Einstieg in die qualitative Sozialforschung:

* Flick, Uwe (2014): *Qualitative Sozialforschung. Eine Einführung. 6. Auflage.* Reinbek: Rowohlt Verlag.
* Rosenthal, Gabriele (2011): *Interpretative Sozialforschung. Eine Einführung*. Weinheim: Juventa.
* Strübing, Jörg (2013): *Qualitative Sozialforschung. Eine komprimierte Einführung für Studierende*. München: Oldenbourg Verlag.

Weiterhin ist die Reihe ‚Qualitative Sozialforschung' beim Springer VS Verlag sehr empfehlenswert – hier werden einzelne Ansätze (z.B. die Ethnografie, die Diskursanalyse, Grounded Theory und viele mehr) auf max. 150 Seiten vorgestellt.

Zentrale Begriffe und Methoden der qualitativen Sozialforschung werden in aller Kürze in diesen Sammelbänden vorgestellt:

* Bohnsack, Ralf; Marotzki, Winfried; Meuser, Michael (Hg.) (2011): *Hauptbegriffe qualitativer Forschung. 3. Auflage.* Opladen, Farmington Hills: UTB Barbara Budrich.
* Flick, Uwe; von Kardorff, Ernst; Steinke, Ines (Hg.) (2010): *Qualitative Forschung. Ein Handbuch. 8. Auflage.* Reinbek bei Hamburg: Rowohlt Taschenbuch.

7.4 Quantitative Methoden der empirischen Sozialforschung

Im Bereich der quantiativen Methoden leisten folgende Lehrbücher eine gute Einführung:

* Bortz, Jürgen; Döring, Nicola (2015): *Forschungsmethoden und Evaluation in den Sozial- und Humanwissenschaften. 5. Auflage.* Berlin: Springer.
* Diekmann, Andreas (2009): *Empirische Sozialforschung: Grundlagen, Methoden, Anwendungen, 20., vollst. überarb. und erw. Ausgabe.* Reinbek bei Hamburg: Rowohlt Taschenbuch.
* Kromrey, Helmut (2009): *Empirische Sozialforschung: Modelle und Methoden der standardisierten Datenerhebung und Datenauswertung. 12. Auflage.* Stuttgart: UTB Lucius & Lucius.

Daneben gibt es spezielle Einführungen in die quantitiven Methoden der Datenauswertung, die neben der generellen

Darstellung der unterschiedlichen Analysemethoden auch deren statistische Grundlagen erläutern und häufig praxisorientierte Anwendungbeispiele aufführen.

- Backhaus, Klaus; Erichson, Bernd; Plinke, Wulff; Weiber, Rolf (2011): *Multivariate Analysemethoden. Eine anwendungsorientierte Einführung. 13. Auflage.* Berlin, Heidelberg: Springer.
- Kohler, Ulrich; Kreuter, Frauke (2012): *Datenanalyse mit Stata. Allgemeine Konzepte der Datenanalyse und ihre praktische Anwendung, 4. Auflage.* München, Wien: Oldenbourg Verlag.
- Wolf, Christof; Best, Henning (Hg.) (2010): *Handbuch der sozialwissenschaftlichen Datenanalyse.* Wiesbaden: VS Verlag für Sozialwissenschaften.

7.5 Soziologische Wörterbücher und Nachschlagewerke

Wörterbücher und andere soziologische Nachschlagewerke eignen sich für einen schnellen, komprimierten Einstieg in ein Thema und können hilfreich sein, um Begriffe für eine Seminar- oder Hausarbeit zu definieren oder die Fährte zu zentralen Autorinnen und Autoren sowie Schlüsselwerken aufzunehmen.

- Endruweit, Günter; Trommsdorff, Gisela; Burzan, Nicole (Hg.) (2014): *Wörterbuch der Soziologie. 3. Auflage.* Konstanz, München: UVK/Lucius.
- Fuchs-Heinritz, Werner; Klimke, Daniela; Lautmann, Rüdiger, Rammstedt, Otthein; Stäheli, Urs; Weischer, Christoph; Wienold, Hanns (Hg.) (2010): *Lexikon zur Soziologie. 5. Auflage.* Wiesbaden: VS Verlag für Sozialwissenschaften.
- Wright, James D. (2015) *The International Encyclopedia of Social and Behavioral Sciences.* Oxford: Elsevier.

7.6 Weitere Ressourcen und Links

Blog der Deutschen Gesellschaft für Soziologie:
   http://soziologie.de/blog/

Der Sozius (studentische Online Zeitschrift für Soziologie):
   http://der-sozius.de/

Deutsche Gesellschaft für Soziologie (DGS):
   http://www.soziologie.de

Europäische Gesellschaft für Soziologie/European Sociological
   Association (ESA): http://www.europeansociology.org/

Internationale Gesellschaft für Soziologie/International Association of Sociology (ISA): http://www.isa-sociology.org/

Studienportal der Fachgesellschaften (Informationen zu soziologischen Studiengängen in Deutschland) :
   http://studium.org/soziologie

Literatur

Barthes, Roland (2000): Der Tod des Autors. In: Jannidis, Fotis; Lauer, Gerhard; Martinez, Matias; Winko, Simone (Hg.) *Texte zur Theorie der Autorschaft*. Stuttgart: Reclam, S.185-197.

Baur, Nina; Korte, Hermann; Löw, Martina Schroer, Markus (Hg.) (2008): *Handbuch Soziologie*. Wiesbaden: VS Verlag für Sozialwissenschaften.

Becker, Howard (2000): *Die Kunst des professionellen Schreibens: Ein Leitfaden für die Geistes- und Sozialwissenschaften*. Frankfurt a.M., New York: Campus.

Beinke, Christiane; Brinkschulte, Melanie; Bunn, Lothar (2011): *Die Seminararbeit: Schreiben für den Leser. 2. Auflage*. Stuttgart: UTB UVK.

Berninger, Ina (2012): Wissenschaftliche Texte lesen und verstehen. In: Berninger, Ina; Botzen, Katrin; Kolle, Christian; Vogl, Dominikus; Watteler Oliver (Hg.) *Grundlagen sozialwissenschaftlichen Arbeitens. Eine anwendungsorientierte Einführung*. Opladen, Toronto: Barbara Budrich, S.62-71.

Berninger, Ina; Botzen, Katrin; Kolle, Christian; Vogl, Dominikus; Watteler, Oliver (Hg.) (2012): *Grundlagen sozialwissenschaftlichen Arbeitens. Eine anwendungsorientierte Einführung*. Opladen, Toronto: Barabra Budrich.

Bortz, Jürgen; Döring, Nicola (2006): *Forschungsmethoden und Evaluation für Human- und Sozialwissenschaftler. 4. Auflage*. Heidelberg: Springer.

Bortz, Jürgen; Döring, Nicola (2015): *Forschungsmethoden und Evaluation in den Sozial- und Humanwissenschaften. 5., vollst. überarb., akt. u. erw. Auflage*. Heidelberg: Springer.

Botzen, Katrin (2012): Aufbau, Inhalt und Formalia einer wissenschaftlichen Arbeit. In: Berninger, Ina; Botzen, Katrin; Kolle, Christian; Vogl, Dominikus; Watteler, Oliver (Hg.) *Grundlagen sozialwissenschaftlichen Arbeitens. Eine anwendungsorientierte Einführung*. Opladen, Toronto: Barbara Budrich, S.83-106.

Bourdieu, Pierre (2005): *Die männliche Herrschaft*. Frankfurt a.M.: Suhrkamp.

Buchmann, Claudia; DiPrete, Thomas A. (2013): *The Rise of women: The Female Advantage in Education and What Means for American Schooling*. New York: Russell Sage Foundation Press.

Buß, Eugen; Fink, Ulrike; Schöps, Martina (1994): *Kompendium für das wissenschaftliche Arbeiten in der Soziologie*. Heidelberg, Wiesbaden: Quelle und Meyer.

Cole, Nancy S. (1997): The ETS Gender Study: How Females and Males Perform in Educational Settings. *Research Report des Educational Testing Service*, Princeton, NJ.

Dannenberg, Detlev (2009): ‚Das kurze Leben des S.B. Preuss' oder: Zitieren und Belegen in Bibliothekskursen. In: Barth, Nobert; Böller, Nadja; Dahinden, Urs; Hierl, Sonja; Zimmermann, Hans-Dieter (Hg.) *Churer Schriften zur Informationswissenschaft, Nr. 33: Wissensklau, Unvermögen oder Paradigmenwechsel. Plagiate als Herausforderung für Lehre,*

Forschung und Bibliothek. Chur: Arbeitsbereich Informationswissenschaft, S.133-142.

Deutsche Forschungsgemeinschaft (2013): *Sicherung guter wissenschaftlicher Praxis*. Bonn: Deutsche Forschungsgemeinschaft. http://www.dfg.de/foerderung/grundlagen_rahmenbedingungen/gwp/ (Zugriff: 22.03.2015).

DGS; BDS (2014): *Ethik-Kodex der Deutschen Gesellschaft für Soziologie (DGS) und des Berufsverbands Deutscher Soziologen (BDS)*. http://www.soziologie.de/de/die-dgs/ethik-kodex.html (Zugriff: 08.07.2014).

Diekmann, Andreas (2009): *Empirische Sozialforschung: Grundlagen, Methoden, Anwendungen, 20., vollst. überarb. und erw. Ausgabe*. Reinbek bei Hamburg: Rowohlt.

Ebster, Claus; Stalzer, Lieselotte (2003): *Wissenschaftliches Arbeiten für Wirtschafts-und Sozialwissenschaftler*. Wien: wuv Universitätsverlag.

Eco, Umberto (2010): *Wie man eine wissenschaftliche Abschlussarbeit schreibt. Doktor-, Diplom- und Magisterarbeit in den Geistes- und Sozialwissenschaften. 13. Auflage*. Wien: UTB facultas.wuv Universitätsverlag.

Eh, Doris; Schütte, Simone (2013): Literatur finden. In: Franck, Norbert; Stary, Joachim (Hg.) *Die Technik wissenschaftlichen Arbeitens. Eine praktische Anleitung. 17. überarb. Auflage*. Paderborn: UTB Ferdinand Schöningh, S.33-64.

Esselborn-Krumbiegel, Helga (2014): *Von der Idee zum Text. Eine Anleitung zum wissenschaftlichen Schreiben. 4. aktualisierte Auflage*. Paderborn: UTB Ferdinand Schöning.

Esselborn-Krumbiegel, Helga (2015): *Tipps und Tricks bei Schreibblockaden. 1. Auflage*. Paderborn: UTB Ferdinand Schöningh.

Finetti, Marco; Himmelrath, Armin (1999): *Der Sündenfall. Betrug und Fälschung in der deutschen Wissenschaft*. Stuttgart: Raabe.

Flick, Uwe (2014): *Qualitative Sozialforschung. Eine Einführung. 6. Auflage*. Reinbek: Rowohlt Verlag.

Florin, Christiane (2014): Uni-Dozenten müssen vor allem Animateure und Erzieher sein. *Der Tagesspiegel*, 31.3.2014, S. 11; http://www.tagesspiegel.de/wissen/studenten-und-hoch schulen-von-heute-wir-haben-uns-als-dozenten-uebercha etzt/10631646-3.html (Zugriff: 16.06.2015).

Foucault, Michel (2000): Was ist ein Autor? In: Jannidis, Fotis; Lauer, Gerhard; Martinez, Matias; Winko, Simone (Hg.) *Texte zur Theorie der Autorschaft*. Stuttgart: Reclam, S.198-229.

Franck, Norbert (2012): *Gekonnt referieren. Überzeugend präsentieren. Ein Leitfaden für die Geistes- und Sozialwissenschaften*. Wiesbaden: Springer VS.

Franck, Norbert (2013a): Diskussionen bestreiten und leiten. In: Franck, Norbert; Stary, Joachim (Hg.) *Die Technik wissenschaftlichen Arbeitens. Eine praktische Anleitung. 17. überarb. Auflage*. Paderborn: UTB Ferdinand Schöningh, S.267-292.

Franck, Norbert (2013b): Lust statt Last (2): Referat, Vortrag. In: Franck, Norbert; Stary, Joachim (Hg.) *Die Technik wissenschaftlichen Arbeitens. Eine praktische Anleitung. 17. überarb. Auflage*. Paderborn: UTB Ferdinand Schöningh, S.217-248.

Franck, Norbert (2013c): Lust statt Last: Wissenschaftliche Texte schreiben. In: Franck, Norbert; Stary, Joachim (Hg.) *Die Technik wissenschaftlichen Arbeitens. Eine praktische Anleitung. 17. überarb. Auflage.* Paderborn: UTB Ferdinand Schöningh, S.111-172.

Fritzsche, Jörg; Wankerl, Britta (2011): Das Plagiat im Recht. In: Rommel, Thomas (Hg.) *Plagiate - Gefahr für die Wissenschaft? Eine internationale Bestandsaufnahme.* Berlin: Lit Verlag, S.167-193.

Fuchs-Heinritz, Werner; König, Alexandra (2011): *Pierre Bourdieu: Eine Einführung.* Konstanz: UTB UVK.

Geißler, Rainer (2014): *Die Sozialstruktur Deutschlands. 7., grundlegend überarbeitete Auflage.* Wiesbaden: Springer VS.

Gildemeister, Regine (2010): Doing Gender: Soziale Praktiken der Geschlechterunterscheidung. In: Becker, Ruth; Kortendiek, Beate (Hg.) *Handbuch Frauen- und Geschlechterforschung: Theorie, Methoden, Empirie.* Wiesbaden: VS Verlag für Sozialwissenschaften, S.137-145.

Greubel, Roland (2009): Vom Fehlverhalten zum Plagiator - fördert das Internet den Wissensklau? In: Barth, Robert; Böller, Nadja; Dahinden, Urs; Hierl, Sonja; Zimmermann, Hans-Dieter (Hg.) *Wissensklau, Unvermögen oder Paradigmenwechsel? Plagiate als Herausforderung für Lehre, Forschung und Bibliothek.* Chur: Churer Schriften zur Informationswissenschaft, Nr. 33, S.1-10.

Hadjar, Andreas (Hg.) (2011): *Geschlechtsspezifische Bildungsungleichheiten.* Wiesbaden: VS Verlag für Sozialwissenschaften.

Hadjar, Andreas; Lupatsch, Judith; Grünewald-Huber, Elisabeth (2010): Geschlecht der Lehrer und Kompetenzentwicklung der Schüler. In: Hurrelmann, Klaus; Quenzel, Gudrun (Hg.) *Bildungsverlierer. Neue Ungleichheiten*. Wiesbaden: VS Verlag für Sozialwissenschaften, S.223–244.

Hannover, Bettina; Kessels, Ursula (2011): Sind Jungen die neuen Bildungsverlierer? Empirische Evidenz für Geschlechterdisparitäten zuungunsten von Jungen und Erklärungsansätze. *Zeitschrift für Pädagogische Psychologie* 25, S.89-103.

Helbig, Marcel (2011): Geschlecht der Lehrer und Kompetenzentwicklung der Schüler. In: Hurrelmann, Klaus; Quenzel, Gudrun (Hg.) *Bildungsverlierer. Neue Ungleichheiten*. Wiesbaden: VS Verlag für Sozialwissenschaften, S.273-288.

Helbig, Marcel (2010): Rezension von Hadjar, Andreas (Hg.) Geschlechtsspezifische Bildungsungleichheiten, *Kölner Zeitschrift für Soziologie und Sozialpsychologie* 63, S. 697-700.

Hitzler, Ronald; Honer, Anne; Pfadenhauer, Michaela (2008): Zur Einleitung: „Ärgerliche Gesellungsgebilde". In: Hitzler, Ronald; Honer, Anne; Pfadenhauer, Michaela (Hg.) *Posttraditionale Gemeinschaften: Theoretische und ethnographische Erkundungen*. Wiesbaden: VS Verlag für Sozialwissenschaften, S.9-31.

Institut für Populäre Kulturen (2013): *Zur Nutzung des Internets - Zitieren und Bibliographieren*. Zürich: Universität Zürich. http://www.isek.uzh.ch/studium/pk/allgemein/Merkblaetter/Internet2014.pdf (Zugriff: 11.04.2015).

Jahoda, Marie; Lazarsfeld, Paul F.; Zeisel, Hans (1975 [1933]): *Die Arbeitslosen von Marienthal. Ein soziographischer Ver-*

such über die Wirkungen langandcuernder Arbeitslosigkeit.
Frankfurt a.M.: Suhrkamp.

Kalthoff, Herbert; Hirschauer, Stefan; Lindemann, Gesa (Hg.)
(2008): Theoretische Empirie. Zur Relevanz qualitativer Forschung. Frankfurt a.M.: Suhrkamp.

Kelle, Udo (2008): Die Integration qualitativer und quantita-
tiver Methoden in der empirischen Sozialforschung. Theoretische Grundlagen und methodologische Konzepte. Wiesbaden: VS Verlag für Sozialwissenschaften.

Keller, Reiner (2012): Wissenschaft und Gesellschaft. Augs-
burger Universitätsreden 68. Universität Augsburg. http://
www.presse.uni-augsburg.de/publikationen/unireden/unire-
den_pdfs/UR_68_Keller_WissenschaftGesellschaft.pdf   (Zugriff: 22.03.2015).

Kolle, Christian (2012): Wissenschaftliche Literaturrecherche.
In: Berninger, Ina; Botzen, Katrin; Kolle, Christian; Vogl, Dominikus; Watteler, Oliver (Hg.) Grundlagen sozialwissenschaftlichen Arbeitens. Eine anwendungsorientierte Einführung. Opladen, Toronto: Barbara Budrich, S.33-61.

Krais, Beate (2011): Die männliche Herrschaft: ein somatisiertes Herrschaftsverhältnis. Österreichische Zeitschrift für Soziologie 36, S.33–50.

Krajewski, Markus (2013): Elektronische Literaturverwaltung.
In: Franck, Norbert; Stary, Joachim (Hg.) Die Technik wissenschaftlichen Arbeitens. Eine praktische Anleitung. 17. überarb. Auflage. Paderborn: UTB Ferdinand Schöningh, S.91-
109.

Kromrey, Helmut (1998): *Empirische Sozialforschung. 8., durchg. überarb. und erw. Auflage*. Opladen: Leske und Budrich.

Kromrey, Helmut (2009): *Empirische Sozialforschung: Modelle und Methoden der standardisierten Datenerhebung und Datenausweitung. 12. Auflage*. Stuttgart: UTB Lucius & Lucius.

Legewie, Joscha; DiPrete, Thomas A. (2012): School Context and the Gender Gap in Educational Achievement. *American Sociological Review* 77, S.463-485.

Leuze, Kathrin; Solga, Heike (2012): Bildung und Bildungssystem. In: Mau, Steffen; Schöneck, Nadine (Hg.) *Handwörterbuch zur Gesellschaft Deutschlands*. Wiesbaden: VS Verlag für Sozialwissenschaften, S.116-129.

Lüders, Christian (2011): Gütekriterien. In: Bohnsack, Ralf; Marotzki, Winfried; Meuser, Michael (Hg.) *Hauptbegriffe Qualitativer Sozialforschung*. Opladen: Barbara Budrich, S.80–83.

Merton, Robert K. (1980 [engl. Orig. 1965]): *Auf den Schultern von Riesen. Ein Leitfaden durch das Labyrinth der Gelehrsamkeit*. Frankfurt a.M.: Syndikat

Meulemann, Heiner (2013): Soziologie: Die Wissenschaft und ihr Gegenstand. In: Meulemann, Heiner (Hg.) *Soziologie von Anfang an. Eine Einführung in Themen, Ergebnisse und Literatur*. Studienskripten zur Soziologie. Wiesbaden: VS Verlag für Sozialwissenschaften, S.19-33.

Meyer, John W. (1977): The Effects of Education as an Institution. *American Journal of Sociology* 83, S.55-77.

Nassehi, Armin (2006): *Der soziologische Diskurs der Moderne*. Franfurt a.M.: Suhrkamp.

Nassehi, Armin (2011): *Soziologie Zehn einführende Vorlesungen. 2. Auflage*. Wiesbaden: VS Verlag für Sozialwissenschaften.

Neugebauer, Martin (2011): Werden Jungen von Lehrerinnen bei den Übergangsempfehlungen für das Gymnasium benachteiligt? Eine Analyse auf Basis der IGLU-Daten. In: Hadjar, Andreas (Hg.) *Geschlechtsspezifische Bildungsungleichheiten*. Wiesbaden: VS Verlag für Sozialwissenschaften, S.235-260.

Neugebauer, Martin; Helbig, Marcel; Landmann, Andreas (2010): Can the Teacher's Gender Explain the ,Boy Crisis' in Educational Attainment? *MZES Arbeitspapiere* Nr. 133. Mannheim: Mannheimer Zentrum für Europäische Sozialforschung. http://www.mzes.uni-mannheim.de/publications/wp/wp-133.pdf (Zugriff: 27.04.2015).

Neugebauer, Martin; Helbig, Marcel; Landmann, Andreas (2011): Unmasking the Myth of the Same-Sex Teacher Advantage. *European Sociological Review* 27, S.669-689.

Porsche-Ludwig, Markus; Chen, Fanfan (2011): Akademische Plagiate in China. In: Rommel, Thomas (Hg.) *Plagiate – Gefahr für die Wissenschaft? Eine internationale Bestandsaufnahme*. Berlin: Lit Verlag, S.211-228.

Przyborski, Aglaja; Wohlrab-Sahr, Monika (2014): *Qualitative Sozialforschung. Ein Arbeitsbuch. 4. Auflage*. München: Oldenbourg Verlag.

Rommel, Thomas; Schlie, Isabel (2011): Kopierkultur und Wissenschaft: Zur Diskussion des Plagiats. In: Rommel, Thomas (Hg.) *Plagiate – Gefahr für die Wissenschaft? Eine internationale Bestandsaufnahme*. Berlin: Lit Verlag, S.1-13.

Rosenthal, Gabriele (2011): *Interpretative Sozialforschung. Eine Einführung*. Weinheim: Juventa.

Rost, Friedrich (2006): Wissenschaftliche Texte lesen und verstehen. In: Stary, Joachim; Franck, Norbert (Hg.) *Die Technik wissenschaftlichen Arbeitens: eine praktische Anleitung. 12. Auflage*. Paderborn: UTB Ferdinand Schöningh, S.75-95.

Rost, Friedrich (2010): *Lern- und Arbeitstechniken für das Studium. 6. Auflage*. Wiesbaden: VS Verlag für Sozialwissenschaften.

Rost, Friedrich; Stary, Joachim (2013): Schriftliche Arbeiten „in Form" bringen. Zitieren, Belegen, ein Literaturverzeichnis anlegen. In: Franck, Norbert; Stary, Joachim (Hg.) *Die Technik wissenschaftlichen Arbeitens. Eine praktische Anleitung. 17. überarb. Auflage*. Paderborn: UTB Ferdinand Schöningh, S.173-189.

Schicha, Christian (2011): Vom Politikstar zum Plagiator. Der Aufstieg und Absturz von Karl Theodor zu Guttenberg im öffentlichen Diskurs. In: Rommel, Thomas (Hg.) *Plagiate - Gefahr für die Wissenschaft? Eine internationale Bestandsaufnahme*. Berlin: Lit Verlag, S.141-168.

Schimmel, Roland (2011): Das Wssenschaftsplagiat – Eine vorläufige Bestandsaufnahme aus juristischer Perspektive. In: Rommel, Thomas (Hg.) *Plagiate - Gefahr für die Wissenschaft? Eine internationale Bestandsaufnahme.* Berlin: Lit Verlag, S.195-210.

Schmitz, Sigrid (2006): Frauen- und Männergehirne. Mythos oder Wirklichkeit? In: Ebelin, Kirsten Smilla; Schmitz, Sigrid (Hg.) *Geschlechterforschung und Naturwissenschaft. Einführung in ein komplexes Wechselspiel.* Wiesbaden: VS Verlag für Sozialwissenschaften, S.211-234.

Seiwert, Lothar (2009): *Noch mehr Zeit für das Wesentliche. Zeitmanagement neu entdecken. 1. Auflage.* München: Wilhelm Goldmann Verlag.

Soeffner, Hans-Georg (2004): Sozialwissenschaftliche Hermeneutik. In: Flick, Uwe; Kardorff, Ernst Von; Steinke, Ines (Hg.) *Qualitative Forschung. Ein Handbuch.* Reinbek bei Hamburg: Rowohlt Taschenbuch, S.164–117.

Stary, Joachim (2013a): Wissenschaftliche Literatur lesen und verstehen. In: Franck, Norbert; Stary, Joachim (Hg.) *Die Technik wissenschaftlichen Arbeitens. Eine praktische Anleitung. 17. überarb. Auflage.* Paderborn: UTB Ferdinand Schöningh, S.65-90.

Stary, Joachim (2013b): Referate visuell unterstützen: Visualisieren, Medien einsetzen. In: Franck, Norbert; Stary, Joachim (Hg.) *Die Technik wissenschaftlichen Arbeitens. Eine praktische Anleitung. 17. überarb. Auflage.* Paderborn: UTB Ferdinand Schöningh, S.249-255.

Stöcklin, Nando (2009): Glaubwürdigkeit von Wikipedia-Inhalten: Bibliotheken sind gefragt In: Barth, Nobert; Böller, Nadja; Dahinden, Urs; Hierl, Sonja; Zimmermann, Hans-Dieter (Hg.) *Churer Schriften zur Informationswissenschaft, Nr. 33: Wissensklau, Unvermögen oder Paradigmenwechsel. Plagiate als Herausforderung für Lehre, Forschung und Bibliothek*. Chur: Arbeitsbereich Informationswissenschaft, S.31-39.

Strübing, Jörg (2013): *Qualitative Sozialforschung. Eine komprimierte Einführung für Studierende*. München: Oldenbourg Verlag.

Stykow, Petra; Daase, Christopher; MacKenzie, Janet; Moosauer, Nikola (2010): *Politikwissenschaftliche Arbeitstechniken. 2. durchg. Auflage*. Paderborn: UTB Wilhelm Fink.

The Chicago Manual of Style (2010): *The Chicago Manual of Style. 16. Auflage*. Chicago, London: University of Chicago Press.

von Kleist, Heinrich (1805): *Über die allmähliche Verfertigung von Gedanken beim Reden*. Kapitel 1. http://gutenberg.spiegel.de/buch/uber-die-allmahliche-verfertigung-der-gedanken-beim-reden-589/1 (Zugriff: 01.09.2014).

Watteler, Oliver (2012): Recherche nach sozialwissenschaftlichen Daten. In: Berninger, Ina; Botzen, Katrin; Kolle, Christian; Vogl, Dominikus; Watteler, Oliver (Hg.) *Grundlagen sozialwissenschaftlichen Arbeitens. Eine anwendungsorientierte Einführung*. Opladen, Toronto: Barbara Budrich, S.118-144.

Wetterer, Angelika (2010): Konstruktion von Geschlecht: Reproduktionsweisen der Zweigeschlechtlichkeit. In: Becker, Ruth; Kortendiek, Beate (Hg.) *Handbuch Frauen- und Ge-*

schlechterforschung: Theorie, Methoden, Empirie. Wiesbaden: VS Verlag für Sozialwissenschaften, S.126-136.

Wolf, Christof; Best, Henning (Hg.) (2010): *Handbuch der sozialwissenschaftlichen Datenanalyse*. Wiesbaden: VS Verlag für Sozialwissenschaften.